A ENTREGA

PIERRE WEIL

A ENTREGA

A Experiência de *A Revolução Silenciosa*
e *Lágrimas de Compaixão* continua...

Editora
Pensamento
SÃO PAULO

Copyright © 2007 Pierre Weil.

Todos os direitos reservados. Nenhuma parte deste livro pode ser reproduzida ou usada de qualquer forma ou por qualquer meio, eletrônico ou mecânico, inclusive fotocópias, gravações ou sistema de armazenamento em banco de dados, sem permissão por escrito, exceto nos casos de trechos curtos citados em resenhas críticas ou artigos de revistas.

A Editora Pensamento-Cultrix Ltda. não se responsabiliza por eventuais mudanças ocorridas nos endereços convencionais ou eletrônicos citados neste livro.

Dados Internacionais de Catalogação na Publicação (CIP)
(Câmara Brasileira do Livro, SP, Brasil)

Weil, Pierre
   A entrega : a experiência de A revolução silenciosa e Lágrimas de compaixão continua -- / Pierre Weil. -- São Paulo : Pensamento, 2008.

   Bibliografia.
   ISBN 978-85-315-1543-9

   1. Budismo 2. Budismo - Doutrinas 3. Budismo - Tibete 4. Espiritualidade 5. Experiência religiosa 6. Weil, Pierre, 1924- l. Título.

08-04819   CDD-294.3923

Índices para catálogo sistemático:

1. Experiências de espiritualidade : Memórias : Budismo tibetano : Religião   294.3923

O primeiro número à esquerda indica a edição, ou reedição, desta obra. A primeira dezena à direita indica o ano em que esta edição, ou reedição, foi publicada.

Edição	Ano
2-3-4-5-6-7-8-9-10-11	08-09-10-11-12-13-14-15

Direitos reservados
EDITORA PENSAMENTO-CULTRIX LTDA.
Rua Dr. Mário Vicente, 368 — 04270-000 — São Paulo, SP
Fone: 2066-9000 — Fax: 2066-9008
E-mail: pensamento@cultrix.com.br
http://www.pensamento-cultrix.com.br

Agradeço ao professor Rubens Oliveira,
pela digitação e estruturação e
pela valiosa revisão deste texto.

Sumário

Introdução: Um chamado interior irresistível 13

CAPÍTULO 1
A ENTREGA: EM QUE CONSISTE?

Uma mensagem capital 19
O Poder de uma Palavra 21
Amor universal: um sonho 23
Avisos do padre Inácio, vinte anos depois da sua
    passagem 24
Eventos posteriores 24
Encontro marcado 27
Uma inversão na situação 33
O canto celestial dos pássaros 38

A ENTREGA

CAPÍTULO 2
AS LIÇÕES DA RESPIRAÇÃO

Empolgado com o pulsar da vida 45
Quem é que respira? 46
A questão da existência do "eu" individual e
  universal 48
A entrega total à respiração 49
Viver ou morrer... 50
Confiar e entregar 51
Inspirar, expirar: uma síntese da nossa existência 52
O princípio da bipolaridade 53
A lei da troca 53
Espaço, tempo e movimento 54

CAPÍTULO 3
REFLEXÕES E INTUIÇÕES SOBRE AS
MANIFESTAÇÕES DA ENTREGA

Balanço periódico 57
Uma mudança de perspectiva 57
Bifurcação entre a ciência e a religião 58
Além da bifurcação 59
Aprendendo sobre meu passado 60
Proteção do além... 61
Balanço periódico no encontro com meu mestre....... 61

SUMÁRIO

Haja presença de espírito 61
Os anjos falam! 62
A energia do tantra 63
Festejando os 80 anos 64
Primórdios da grande transformação? 64

CAPÍTULO 4
OBSTÁCULOS À ENTREGA

Mudança de postura em relação à morte 67
Falta de mudança de atitude 69
Considerações em torno do carma 69
Mais notícias de destruição 71
As línguas ajudam a compreender 71

CAPÍTULO 5
ENTREGA NATURAL ÀS FUNÇÕES FISIOLÓGICAS

O ritmo cardíaco 73
A digestão 74
A circulação da energia 76
Andar 77

A ENTREGA

CAPÍTULO 6

AS RELAÇÕES AMOROSAS
UMA ESCALA DE QUALIDADE

A relação sexual... 80
A entrega sexual a dois................................. 80
A sublimação a dois...................................... 81
A experiência transpessoal a dois.................. 82

CAPÍTULO 7
A ARTE DE MERGULHAR NOS EVENTOS

Um livro aberto para nós............................... 85
O sentido dos eventos................................... 86
As sincronicidades.. 88
A importância do evento................................ 88

CAPÍTULO 8
A ENTREGA NA CURA ESPIRITUAL

Um convite auspicioso................................... 91
Uma consulta a Samara................................. 92
A consulta pré-cirúrgica................................ 92
A operação espiritual.................................... 93
Três dias de cegueira 94

10

SUMÁRIO

Segunda operação 95
À espera da cura 95
À procura de explicação 96
Um sonho significativo 97
Um novo desafio 98
Entrega e livre-arbítrio 99

CAPÍTULO 9

O ATO CRIATIVO

BOAS IDÉIAS NA PALMA DA MÃO

Sentimento de desafio 102
Confiança no resultado 102
Alegria de criar 102
A hora da inspiração 103
Por que o nome de Brahman? 104
Vacuidade da mente 105
Como incentivar a inspiração? 107
Tempestade cerebral 107
A meditação 108
A dissertação francesa 109

CONCLUSÃO 111
BIBLIOGRAFIA 115
OBRAS DO AUTOR 115

11

Introdução

UM CHAMADO INTERIOR IRRESISTÍVEL

Brasília, 5 de Julho de 2000

O meu livro *Lágrimas de Compaixão* já foi publicado. Pensava que iria parar de escrever a minha própria história por uns tempos, quando subitamente uma idéia veio se fincar na minha mente; um apelo irresistível, dentro do ambiente de lucidez das minhas madrugadas, com as características óbvias do imperativo categórico de Kant: A ENTREGA. Exatamente o que me falta para me iluminar de vez: abrir mão, me entregar totalmente.

E imediatamente me veio a capa do livro, pois a da segunda parte da minha biografia me deu inúmeros problemas de consciência; fiquei meses me perguntando se colocar a minha foto como monge tibetano não seria uma demonstração da força do meu ego, um gesto de vaidade pessoal, um exibicionismo bem característico e próprio da minha vocação frustrada para ser ator. Embora não inteiramente convencido, eu resolvi, diante da minha própria consciência, colocar a tal foto, pois seria uma maneira indireta de incentivar muita gente a escolher o caminho tibetano.

Desta vez saí do dilema de não saber qual a época para publicar este livro ou começar a escrevê-lo, pois continuo ignorando quando vou fazer a minha passagem. Me veio a solução. Vou começar imediatamente. Tenho hoje 76 anos. Se daqui a dez anos ainda estiver vivo, eu mesmo o entrego ao editor. Se desencarnar antes dessa idade, o meu editor vai receber instruções minhas nas semanas seguintes, para publicá-lo.

Entregar consiste, antes de tudo, em seguir a voz interior desta consciência universal em mim, que por muito tempo pensei que fosse minha. De vez em quando me esqueço disso. Escrever o que se passa comigo, nesta nova e definitiva aventura espiritual, vai me ajudar muito como permanente lembrete.

Lembro-me agora de uma expressão latina: *Alea jacta est*, a sorte está lançada! Mãos à obra! E fé no Eterno!

30 de Agosto 2000

A idéia amadureceu. Já comecei a escrever. Só quero acrescentar alguns esclarecimentos a respeito do plano deste livro. Como me entreguei a essa voz interior, ainda não tenho nenhum plano. A única idéia que me veio foi deixar capítulos numerados no meu computador e preenchê-los de acordo com os acontecimentos. Registrarei a data em que escrevi alguns trechos, sendo que pode haver várias datas no mesmo capítulo. O primeiro será consagrado à explicação do que consiste a entrega.

A ENTREGA

CAPÍTULO 1

A ENTREGA:
EM QUE CONSISTE?

30 de Agosto de 2000

Neste primeiro capítulo, vou apresentar as inúmeras intuições que me vêm ultimamente sobre o processo da entrega, desde que recebi o imperativo categórico de me entregar. Vou anotar sistematicamente essas intuições antes de esquecê-las, pois elas podem servir de guia para outras pessoas, além de mim. Acrescentarei a data a cada mensagem, até que esta obra termine, junto com a minha existência ou daqui a dez anos. Suponho que terei oportunidade de acompanhar uma eventual evolução do meu próprio conceito da palavra entrega, já que pretendo pôr em prática o que essa voz interior me revela. Eis, portanto, a primeira mensagem que me veio antes de escrever as presentes linhas.

UMA MENSAGEM CAPITAL
11 de Agosto de 2000

Chego ao Rio de Janeiro, vindo de Juiz de Fora, onde fui visitar minha filha, Vivianne, e fazer uma palestra para lançar meu livro mais recente: *A Mudança de Sentido e o Sentido da Mudança*. Neste dia 11 – símbolo do portal de entrada de novos tempos ou símbolo da Entrega? –, a Unipaz me acomodou num hotel pequeno e confortável, chamado Rio Ross. Logo na chegada, quando subia para o quarto 202, surgiu uma menina, toda miudinha, de uns 6 anos de idade no máximo, falando algo que não compreendi. Entendi que ela queria dinheiro, então lhe dei o último troco que havia na minha carteira. Em vez de ir embora, ela abriu um pequeno saco plástico e tirou dali um chiclete, enquanto me olhava sorrindo. Movido pela generosidade e por compaixão, devolvo o pacotinho comovido. Ela aceitou, mas senti uma resistência em sua mão.

Ao entrar no elevador, ela quis me acompanhar, mas o funcionário do hotel não deixou, fechando a porta na carinha dela. Isso me deixou muito triste e fiquei pensando como, no seu coração, ela registraria esse ato brutal.

Tive a impressão de que havia passado um anjo na minha existência, me chamando para uma entrega maior, pois o tema da entrega estava constantemente presente. A verdadeira entrega à compaixão teria sido aceitar o chiclete, oferecido com tanta ternura; talvez assim eu teria contribuído para preservar a dignidade da menina e da família dela, por não considerá-los mendigos.

À noite tive um sonho: estou no mosteiro tibetano onde fiz o meu retiro, à procura do meu mestre Pemala; de repente, surge um verdadeiro exército de monges orientais misturados com ocidentais, cantando e tocando músicas. Um após o outro, com muita alegria, me entregam pequenos objetos, entre os quais alguns pauzinhos. Recebo todos até entender a mensagem simbólica: assim eu posso dar o que recebi para outros mais necessitados. Compreendo que é isso o que eles estão fazendo. Torno-me um deles, me sentindo inteiramente entregue, livre e muito feliz. Logo surge outra leva de monges, com a mesma conduta e mensagem. Ao acordar, eu estava me sentindo imensamente grato e imbuído de uma infinita compaixão. O sonho era lúcido e eu sabia que estava sonhando. Eles me revelaram o nome da sua organização: Tamki ou algo semelhante, de que eu não me recordo agora.

Senti a presença da menininha e soube que esse sonho era uma mensagem dela.

CONFIAR, CONFIAR E CONFIAR – esse é um pensamento que me vem de vez em quando.

O PODER DE UMA PALAVRA
16 de Janeiro de 2001

Desde que recebi essa incumbência da entrega e que aceitei esse desafio, a palavra "entrega" parece um ungüento penetrando em todo o meu ser. De vez em quando ela aparece e muitas vezes acompanhada de perguntas. As quatro principais em geral são: *O que entregar? A quem entregar?*

A ENTREGA

Quem se entrega? E para que se entregar? Mas isso ainda são elucubrações mentais, que me impedem justamente de me entregar sem fazer perguntas.

Os meses se passaram e inúmeras respostas me vieram e desapareceram do cenário mental. Além disso, devo confessar que uma certa preguiça de me levantar e ir ao computador para tomar nota me impediu de me lembrar de todas as respostas. Mas sei que as inspirações voltarão. Basta se entregar...

1º de Fevereiro de 2001

Passando na livraria do aeroporto de Porto Alegre, me deparei com um livro de Richard Bach cujo título, *Fora de Mim*, me atraiu muito. Não é para menos... No meio do livro, uma frase dirigida diretamente a mim: *Às vezes só vencemos quando nos rendemos.* É isso mesmo. Eu preciso me render, parar de querer planejar tudo direitinho, como faço até hoje. Comecei a rememorar o que acontecia quando eu insistia em obter um resultado e tudo saía pelo avesso. Foi o que aconteceu quando eu quis criar uma comunidade, como já contei em outro livro. Bastou eu abrir mão, parar de querer isso a todo custo, e recebi um convite para organizar a Unipaz em Brasília. Eu venci porque me rendi... Certas mensagens têm mais significado para os que já passaram pela experiência. Foi o meu caso.

Assim a vida me ensinou, e Richard Bach reforçou essa lição, de que a primeira maneira de se entregar é parar de querer. Entregar-se consiste em se render.

AMOR UNIVERSAL: UM SONHO

8 de Janeiro de 2003

Uma semana atrás tive um sonho com uma profunda mensagem de entrega. Eu estava viajando e, em cada lugar, eu abraçava carinhosamente os monges do lugar que visitava. E a cada despedida, eu pedia a minha bagagem, de um modo um tanto ansioso. A resposta era sempre igual: "Confie! Você não precisa de bagagem". E eu continuava a minha caminhada, a felicidade aumentando, até que entrei num oceano de Amor que invadiu todo o meu ser e que ao mesmo tempo se confundia com o próprio universo. Era divino! Ao acordar eu me lembrei do Salmo, *"O Senhor é meu pastor e nada me faltará!"*. Acordando cada vez mais, tive a nítida sensação de perceber todos os obstáculos à vivência desse Amor voltarem com a minha bagagem...

Ontem, em torno de dezoito horas, na presença do meu amigo Amyr Amiden vi se fixarem, nas paredes e no altar, sete hóstias. Uma delas exatamente no ofertório feito pelo meu amigo o padre José Inácio Farah, na sua fotografia junto ao meu altar de meditação. E as imagens da Virgem Maria, de Maomé e de Buda foram ungidas de óleo de rosas. Três grandes religiões unidas por uma bênção vinda do além... Amyr me confirmou, no dia seguinte, que foi uma visita de anjos. O ambiente cheio de perfume de rosas tinha muito do caráter inebriante do amor vivido no meu sonho extático.

19 de Junho de 2003

Depois do evento da hóstia no retrato da missa do padre Inácio, ocorreu uma série de acontecimentos que resumi no relato a seguir, na introdução ao livro sobre o padre Inácio.

AVISOS DO PADRE INÁCIO, VINTE ANOS DEPOIS DA SUA PASSAGEM

EVENTOS POSTERIORES

Há mais de vinte anos, um grupo de amigos do padre José Inácio Farah reuniu documentos num livreto, que seria distribuído entre os amigos mais chegados do padre.

Esses documentos nos apresentaram um ser extraordinariamente humano, que desde os 4 anos queria ser santo e acabou de fato se tornando um grande místico, uma alma de poeta, e realizando curas antes, durante e depois do seu desenlace. Já na sua chegada ao Brasil, o jornal *O Globo* fez uma longa entrevista com ele.

Hoje, 29 de maio de 2003, recebi o último de vários sinais de outra dimensão, indicando mais do que claramente que esses documentos deviam ser publicados sob a forma de livro.

Contei no meu livro *Lágrimas de Compaixão* como conheci o meu amigo Amyr Amiden, um sensitivo extraordinário, brasileiro procedente do Oriente Médio, tal como o padre Inácio Farah, e sujeito a experiências místicas que tocam o coração, tal como o padre Inácio. Há muitos anos que chamei a atenção de Amyr para essas semelhanças.

Mais de dez anos já se passaram desde o nosso primeiro encontro, quando, em visita à minha casa, Amyr e eu presenciamos o aparecimento de hóstias nas paredes da sala. Descobrimos que uma hóstia tinha se alojado num retrato do padre Inácio, tirado em Belo Horizonte por um amigo, o arquiteto ambientalista Maurício Andrés. O retrato estava pendurado no meu quarto de meditação e mostrava o padre Inácio elevando o sacrário durante a missa.

A hóstia tinha se fixado no lugar correto, em cima do sacrário. Na porta do meu quarto de meditação, surgiu um desenho de um coração, desenhado com óleo e divinamente perfumado.

Alguns dias depois, em meu escritório, contei essa história a um amigo que tem grande sensitividade. No meio da conversa, sem mais nem menos, ele retirou de um cantinho da estante da minha biblioteca o manuscrito do padre Inácio, com a referida foto na capa! Devo reconhecer que eu tinha me esquecido não somente do lugar onde se encontrava o manuscrito como também de que eu possuía um exemplar. Levei um susto. Algo me dizia que eu deveria publicá-lo, mas não tinha certeza. Achei que fosse uma materialização para que eu pudesse usá-lo em minhas palestras, para demonstrar a possibilidade da Transcomunicação. Esse é, inclusive, o tema do nosso livro *Transcomunicação, o Fenômeno Magenta*, publicado pela Editora Pensamento, que descreve os fenômenos de transporte e de materialização que acontecem na presença de Amyr.

Duas semanas depois, durante uma transcomunicação com seres angelicais, recebemos a confirmação de que o espírito do padre Inácio pedia que esse opúsculo fosse publicado numa editora modesta.

E para quem ainda tivesse dúvidas, durante a visita de Amyr, a minha casa se encheu de perfume de rosas e a minha cozinheira nos chamou dizendo que, em cima do coração que surgiu na porta do meu quarto de meditação, tinham aparecido três outros corações menores. Entramos logo no quarto e, para a nossa surpresa, vimos o retrato do padre Inácio cheio de óleo perfumado. Nesse momento, eu falei que achava que se tratava de um sinal de que eu deveria publicar a brochura e que eu pensei em escrever uma introdução contando a história toda desses sinais. Então meu amigo Roberto Crema, que estava presente e a par de tudo, exclamou enfaticamente: "Pierre, você precisa escrever essa introdução hoje!"

Como se não bastasse, exatamente no intervalo entre a palavra "escrever" e a palavra "hoje", caiu aos pés de Roberto uma minúscula jóia de ouro, de uns centímetros no máximo. Tratava-se de um livro em miniatura, fechado por um gancho microscópico. Na capa, uma cruz cristã. Abri o livrinho e dentro dele havia também uma cruz e linhas sobrepostas na página esquerda. Quando me dei conta, já tinha colocado a brochura ao lado do meu computador, para iniciar a introdução. Só me restava escrever. É o que acabo de fazer.

E para o resto, "que seja feita a Sua Vontade...".

Essa série de acontecimentos foi um convite para uma entrega maior, uma vez que o foco das decisões estava passando para os anjos. Só me restava obedecer, aceitando como verdadeiros os sinais concretos que me eram mostrados.

Estava mais uma vez comprovada a minha hipótese de que os transportes e materializações são meios de transcomunicação de que seres se valem para se comunicar com a humanidade.

ENCONTRO MARCADO

Nesse período essa intenção se confirmou mais uma vez, mas partindo dos próprios anjos. Há duas semanas, os anjos, depois de dez anos de silêncio, pediram a Amyr, por rádio, para marcar um encontro entre Roberto Crema, ele e eu. Roberto Crema estava viajando, mas assim mesmo tivemos uma conversa com os anjos, durante duas horas seguidas. Responderam a muitas perguntas nossas, entre elas:

— A natureza de Deus como um espaço eterno e infinito.

— A inadequação de qualquer nome, inclusive o de Deus, por criar formas que limitam uma verdadeira experiência divina.

— O alcance mundial da missão da Unipaz.

— A confirmação de que o padre Inácio desejava que seu livro fosse publicado e a informação de que o espírito

27

dele se encontra num espaço ou estado espiritualmente elevado.

Uma semana depois, os anjos pediram um novo encontro, em que Roberto Crema pudesse estar presente durante a comunicação. Esse novo encontro se realizou ontem, dia 18 de junho de 2003, entre 16 horas 15 minutos e 18 horas, mas só começou de fato por volta das 17 horas, pois foi preciso um tempo para instalar a câmera, o gravador e o rádio. Novas instruções foram dadas:

— Eles tinham de fato muitas coisas para nos comunicar.

— Tínhamos, portanto, de nos encontrar mais que uma vez por semana, mas a freqüência ficava a nosso critério.

— A comunicação se daria pelo rádio e pelas materializações e transportes.

— Um dos assuntos a ser difundidos se encontrava no livro do padre Inácio. Enquanto folheávamos o livro, aguardávamos um "bip" dos anjos. O "bip" aconteceu quando estávamos na página da prece redigida à mão pelo padre Inácio, dirigida a Nossa Senhora do Perpétuo Socorro. No papel que o padre segurava, surgiu uma reprodução exata da imagem de Nossa Senhora em estilo bizantino, confirmando que o "bip" sinalizara uma materialização significativa.

— A voz de Joana de Angelis, inspiradora de Amyr, sussurrou no ouvido dele a informação de que surgiria em breve uma materialização dirigida a Roberto. Logo em seguida, o pescoço de Amyr esquentou, as suas mãos tremeram e delas surgiu uma pirâmide de uns dez centímetros de altura, em quartzo translúcido.

— Recomendaram que os dois símbolos fossem guardados na sede do Colégio Internacional dos Terapeutas, na Unipaz, e que a imagem fosse plastificada.

— Nossa Senhora simboliza a Grande Mãe, muito presente atualmente, em todas as tradições. Shakti, Kali, Shekinah. Ela é a Energia, o Espírito Santo que preenche o Espaço Eterno e Infinito.

— Na trindade, o Pai é o Espaço Infinito e Eterno, o Filho é a Energia densa sob forma de matéria e o Espírito Santo é a Energia, a luz que tudo compõe.

— Confirmaram que a pirâmide simbolizava o necessário reencontro, em seu vértice, entre Ciência, Arte, Filosofia e Religião – Razão, Sensação, Intuição e Sentimento, dentro do conceito holístico de Transdisciplinaridade.

— A pureza do cristal da pirâmide simbolizava a pureza das nossas relações com os anjos.

— Afirmaram que a nossa maneira de agir até então iria mudar e que esses dois símbolos nos seriam fonte suficiente de inspiração nesse encontro.

— Confirmaram também a identidade de Cristo e Buda, entre outros, como Mahomet, Krishna, Krishnamurti e Moisés, e que fazia parte de nossa missão divulgar isso.

No dia seguinte, Roberto Crema me telefonou surpreso por ter encontrado, na porta de entrada do prédio do consultório dele, um cartaz com o retrato de Nossa Senhora do Perpétuo Socorro, convidando para os festejos que começariam no dia 18 de junho. Ora, essa data correspondia ao dia em que recebêramos as instruções dos anjos!

12 de Julho de 2003

Depois das instruções dos anjos, eu me reuni mais uma vez com Amyr; Roberto estava viajando. Nesse dia, eu tinha retirado da loja de arte o crucifixo que eu mandara consertar. Mostrei o crucifixo a Amyr, dizendo que eu o colocaria atrás do Buda, o mesmo lugar onde o padre Inácio, ainda em Belo Horizonte, na minha casa, tinha pedido que eu o colocasse. Ele me disse para que eu tivesse sempre a presença de Cristo no conjunto do meu altar inter-religioso. Eu falei que achava que surgiriam sinais sobre esse crucifixo.

De fato, alguns minutos depois, Rosa mostrou a foto do padre Inácio, de onde escorria óleo perfumado, e o corpo de Cristo cheio de sangue.

Mais tarde, Rosa viu que a pele de Amyr adquirira um tom esverdeado perto dos olhos, e Amyr explicou que ele estava voltando do planeta Esnak, onde seu corpo tinha se transformado num corpo alienígena verde, durante três dias do tempo deles e um dia do nosso tempo.

14 de Julho de 2003

Nesses dois dias, procurei desesperadamente o endereço, o nome e o telefone do tipógrafo amigo da Unipaz. Depois de dar uma palestra para os professores da Casa do Sol, às 11 horas e 45 minutos, anunciam-me que ele viria falar pessoalmente comigo ao meio-dia. Levei-o para casa, mostrei o manuscrito do padre Inácio e praticamente fechei a impressão de quinhentos exemplares. Prazo de entrega: quinze dias. Ora, 30 de julho fora a data que Joana de Angelis tinha sussurrado no ouvido de Amyr, sem dizer por quê!

Hoje, nova comunicação pelo rádio com os anjos. Em primeiro lugar, as chagas de Cristo. Amyr, muito emocionado, com as mãos ensangüentadas, anuncia que será atribuída uma grande missão para nós três. Foi nos revelado que o padre Inácio estava se encontrando com o padre Pio, que também apresentava os estigmatas.

Depois de escolherem cinco pessoas a quem deveremos transmitir os ensinamentos sobre Deus, nos foi revelado que nós três já tínhamos vivido juntos há dois mil anos, perto de Jesus. Amyr como Felipe, eu como alguém ligado a Nicodemus e Roberto num nível importante. Ambos costumávamos aliviar Felipe dos seus sofrimentos. Roberto tinha uma mulher muito devota e três filhas e um filho. Eu tinha três filhos e uma filha, também com uma mulher religiosa.

Tínhamos vindo da Índia com Jesus, onde éramos devotos de Krishna e Sri Ganesh, a sabedoria.

Foi-me revelado que, nos últimos dias, eu tinha passado por uma grande transformação no que se refere à certeza e ao despojamento de toda espécie de dúvida, e que não precisávamos mais temer absolutamente nada. Seríamos criticados pelos céticos, mas tínhamos proteção, pois a verdade estava conosco.

Foi realizado um longo ritual com a materialização de 36 hóstias e, depois das preces, surgiu uma gota de sangue em três copos d'água e se materializaram 36 espirais numa toalha de papel.

O Cristo no crucifixo continuou perfumado e Buda tem óleos perfumados nas mãos. Ora, Cristo foi introduzido junto com Buda na cerimônia.

As chagas apareceram depois que eu falei sobre o padre Inácio e que Joana de Angelis lhe revelou a conexão do padre Inácio com o padre Pio. Amyr chorou, soluçando muito emocionado.

Trinta e seis hóstias apareceram no altar, e depois Rosa encontrou mais 86 hóstias em torno do rádio, onde havia um CD gravado por Dalila e intitulado *Terra de Paz*. Roberto e Amyr acharam que esses eram sinais de que os anjos iriam aparecer pelo rádio para mim. Roberto, em terapia de grupo, tinha colocado o rádio e dado o sinal.

Ainda com Amyr, fizemos uma celebração com o sangue de Cristo, que tinha aparecido em três copos d'água simbolizando o Coração. Eu segurava as hóstias, que simbolizavam o Pão ou o Corpo de Cristo.

17 de Julho de 2003

UMA INVERSÃO NA SITUAÇÃO

O que representam essas visitas de Amyr à minha casa no que se refere à Entrega? Fiz-me essa pergunta várias vezes. A situação se inverteu. Enquanto antigamente eu é que ia atrás de Amyr, agora é ele que, semanalmente, me telefona para me visitar. E os anjos, depois de dez anos de silêncio, pedem para se comunicar conosco.

Vem-me agora uma idéia. Para eu seguir os ensinamentos e recomendações dos anjos, é necessária uma certa condição de entrega. Por exemplo, eu os consultei sobre se a minha decisão de ter um cachorro não seria um fator de perturbação vibracional na minha casa. Eles me responderam que sim, e logo decidi não aceitar o cachorro que Roberto tinha me dado, apesar de já ter gasto 1.400 reais na construção de um canil. Realmente estou mais entregue!

25 de Julho de 2003

Antes de ontem, nova reunião com os anjos pelo rádio. Comecei submetendo uma lista, criada na hora, dos assuntos que eles queriam nos ensinar e comunicar. A lista é longa e não acabou. De que eu me lembro:

— A natureza do que chamamos de Deus, sua estrutura, a natureza dos anjos, o papel dos seres humanos no universo, mais detalhes da nossa vida há 2000 anos... O que existe depois da nossa morte (Longuíssimo "bip" positivo).

A ENTREGA

— Deus não tem nome e não é uma pessoa, nem pode ser dividido em três pessoas, como afirmam certos teólogos cristãos. Não responderam nada em relação ao tetragrama nem à divisão em masculino-feminino ou yin e yang. Não podemos compreender Deus intelectualmente, só por meio da vivência. Ele é Amor.

— Joana avisa que estamos voltando aos tempos bíblicos e que vamos, num futuro indefinido, reviver uma cena extraordinária que nos fará ajoelhar em oração. Como o tempo deles é diferente do nosso, é difícil dizer quando. São os anjos que estão preparando o acontecimento. Um "bip" deles confirmou.

Lembramos, mais uma vez, que Roberto e eu éramos terapeutas junto com Jean Yves Leloup, que era Fílon de Alexandria, e que os filhos de Roberto, Regina e sua filha eram amigos. Nós três assistimos à crucificação de Jesus.

Roberto e eu, como amigos terapeutas médicos, cuidávamos de Felipe, orientando-o e dando apoio nas suas dúvidas e vacilações.

A entrega se manifesta sob a forma de relação telepática entre mim e os anjos. Eles, de vez em quando, lêem as minhas perguntas e respondem antes que eu as formule oralmente. A última vez que isso aconteceu foi quando anunciaram a futura manifestação extraordinária. Eu sabia que seria alguma presença iluminada de Jesus. E eles responderam que sim.

Eles vivem a alegria sob a forma de júbilo.

Joana de Angelis informou que o padre Inácio, no nível em que vive, está muito feliz pela publicação em curso. Um coral de crianças foi se apresentar a ele para festejar o acontecimento.

Eles confirmaram também que estão inspirando os meus sonhos, sobretudo no que se refere ao puro amor.

De fato, o processo de entrega, em que no início eu não sabia muito bem a quem me entregar, ficou mais evidente: eu me entrego aos anjos que representam o Eterno Infinito; é verdade que, na comunicação com eles, há perguntas que eles deixam sem resposta, deixando ao meu livre-arbítrio a decisão.

Também houve entrega da minha parte ao espírito do padre Inácio, que muito agradeceu. De fato o meu mundo, que estava muito reduzido ao seu aspecto material, está se ampliando na mesma medida dessa entrega.

1º de Agosto de 2003

Antes de ontem, novas revelações dos anjos. Roberto, Amyr e eu vivemos realmente em companhia de Jesus. Alain, filho de Roberto que foi o pai dele, assistiu ao Sermão da Montanha. Nós três assistimos à crucificação.

Sobre a passagem, logo depois há o encontro com a luz divina. Se não nos fundimos com ela, passamos para o terceiro intervalo, onde residem os seres iluminados como Jesus e Buda. Eles têm corpo de luz neste Reino da Luminosidade. Sem preparo, entramos no interregno dos Espíritos.

Existem vários níveis: os espíritos muito evoluídos, cheios de amor e sabedoria; os espíritos de bom coração, os espíritos maus; os espíritos diabólicos, aliados a Satã. Este último é uma pessoa e não o pendente malévolo do Eterno Espaço Infinito, que chamamos de Deus. No Apocalipse é a Besta. Não consegui saber o significado do 666.

Continuo em contato telepático periódico, eles respondendo ao meu pensamento ou eu sabendo o que vão responder. Eles deixaram bem claro que Deus é uma experiência do coração e da intuição. Eles selecionam certas situações, grupos ou pessoas; não estão se manifestando em todo lugar.

O óleo perfumado vem do interregno da luminosidade onde residem seres de luz como Jesus e Buda. Ultimamente, ele tende a permanecer toda a semana nos lugares onde apareceu, especialmente no anjo do corredor, no crucifixo e no Buda do altar. Ele aumenta regularmente no bule tibetano de chá. O óleo perfumado eleva minha alma e tenho a impressão de já tê-lo conhecido no passado.

Eles me informaram também que são eles que incorporam ou guiam as corujinhas de manhã, durante a minha caminhada.

12 de Agosto de 2003

Amyr me ligou, anunciando que Joana de Angelis foi Joana D'Arc em 1500, e que voltou trezentos anos depois na Itália, para cuidar dos leprosos. Os anjos, condoídos com os sofrimentos da fogueira, chamaram-na de Joana de Angelis. Ela que inspirou Amyr a cuidar de leprosos. Ela falou que o Universo espiritual superior estava sempre presente nas nossas reuniões e que, em nossas reuniões, se abria o canal para maiores revelações extraordinárias sobre o futuro. Disse também que Brasília era o único lugar onde isso ocorria. Amyr ficou muito emocionado com essas revelações e Joana D'Arc falou para ele se acalmar.

Ainda na reunião, a cadeira da cabeceira da mesa se deslocou sozinha e Joana anunciou a Amyr que o padre Inácio tinha obtido autorização para vir até ali, manifestar a sua alegria pela publicação do seu livrinho. De fato, o exemplar que eu tinha dado a Roberto e estava na extremidade da mesa, ao lado do padre, ficou inundado de óleo perfumado.

Perguntei aos anjos se falar pelo rádio era algo complexo para eles. Responderam que sim e completaram que para isso eles precisavam da ajuda de seres mais evoluídos. Quando indagados se eles ainda evoluiriam, responderam afirmativamente. Quando perguntamos se nessa evolução anterior eles já tinham sido seres humanos, responderam que não.

Eles não fazem parte do Bardó dos espíritos, mas de um interregno intermediário entre o da luminosidade e do vir-a-ser, um Bardó não descrito pelo Bardó Thodol.

Já faz duas semanas que o colo do Buda do Altar se enche de óleo perfumado.

21 de Agosto de 2003

O CANTO CELESTIAL DOS PÁSSAROS

Novo encontro entre os três, ontem dia 20. Os anjos afirmaram que não estamos isolados do resto, mas que se trata de uma espécie de treinamento da intuição e da seleção de mensagens.

Perguntei por que nós, seres humanos, precisamos de um corpo. Em resumo, eles, anjos, são eternos. A partícula de luz azul que vejo às vezes são eles. A nossa função é transformar a energia da matéria em espírito. Com isso mantemos a energia divina. A eternidade dos anjos não é a eternidade de Deus. Reencarnamos muitas vezes até concluirmos esta missão de transformação do corpo humano.

Durante as nossas perguntas, Joana anunciou que uma manifestação espiritual estava sendo preparada. No momento em que ela acontecesse, nós deveríamos nos curvar em agradecimento e, um por vez, fazer uma oração.

Nesse momento, às 17 horas, o galo começou a cantar, simbolizando o galo francês, da terra de Joana D'Arc.

Entre as 17 e as 17 horas e 15 minutos, um som celestial se manifestou várias vezes. Era uma orquestra de cantos de pássaros, como se fosse o Amazonas inteiro cantando. Quando indagados, os anjos falaram que era uma maneira de nós aprendermos a perceber como eles ouvem os cantos dos pássaros vindos deste planeta. Era também uma preparação para o trabalho de cura coletiva que seria feito por intermédio de Amyr, na noite desse mesmo dia.

Materializou-se, para o Colégio Internacional dos Terapeutas, uma espécie de templo em miniatura, com uma pedra preciosa. Para Antonela, surgiu uma estrela de ouro, simbolizando a sua missão de criar uma rede transdisciplinar em todos os continentes. O prefeito Marcos, de Altinópolis, recebeu uma medalha dos anjos protegendo as crianças, que se materializou na mão de Amyr.

27 de Agosto de 2003

Ontem, novo encontro com os anjos. Eles nos explicaram que o casamento é uma instituição divina e o amor é eterno, como Eva Pierrakos afirmou. Poligamia é uma relação de infidelidade muito complicada.

Pesquisar o infinito é pesquisar Deus. Os anjos estão num degrau do eterno inferior ao de Deus.

O padre Inácio e Bartanluffy estão presentes. O padre Inácio concorda hoje com espiritismo de Kardec, que não quis criar uma religião. Recomendam a leitura do seu evangelho.

Sim, há espíritos que trabalham em hospitais e curam no plano espiritual e material.

Confirmam que a experiência sonora do encontro anterior contribuiu para afinar a nossa sensibilidade e que haverá outras, para os outros sentidos. É preciso ir aos poucos para que nos acostumemos.

Amyr gerou uma filha gêmea que ele encontra no planeta Esnak. Ele encontra também em sonho um filho que teve duzentos anos atrás. De novo Amyr está emagrecendo.

A cor em torno dos seus olhos está ficando verde. Segundo o João (meu motorista). Ele confirmou que vai ao planeta Esnak e volta domingo. É uma viagem fora do programa, ligada à nossa missão.

13 de Setembro de 2003

Terça-feira passada houve um encontro muito rico em dados e contribuições dos anjos. Foi confirmada a intuição que eu tinha de que fui amigo de Giordano Bruno, o que explica meu interesse, desde os 18 anos, pela idéia do Infinitismo. Materializou-se de novo um holograma de 16 espirais, quatro espirais por quatro, simbolizando o infinitamente pequeno e o infinitamente grande. O símbolo apareceu sob a forma de dois círculos, um dentro do outro, e do outro lado um só círculo.

Estou me sentindo encorajado a escrever um livro cujo título será *Este Inconcebível Infinito*. Antes, porém, formou-se uma pequena pirâmide octaédrica aportada da Índia, de cor magenta, destinada a ficar no Colégio Internacional dos Terapeutas.

Confirmada uma intuição, segundo a qual a ciência e a religião vão desaparecer quando a Transcomunicação se tornar científica e for possível receber informações diretas, de fonte indiscutível, sobre qualquer assunto.

Convém elogiar Allan Kardec por ter dado as bases para essa metodologia.

Bartanluffy e o padre Inácio estão agora juntos.

14 de Setembro de 2003

Em Santa Maria, encontrei o meu amigo Denizard de Souza, que me revelou que Allan Kardec tinha sido Giordano Bruno e que ele estava encarnado em Natal, com o objetivo de rever e ampliar sua obra. Ele se chamava, naquele momento, Jan Van Ellam.

Denizard me revelou também que ele fora o soldado que apunhalou Cristo depois da morte.

Ele também estava em transcomunicação com seres de outras dimensões via rádio. Disse que era necessária a presença de alguém que tivesse recebido o enxerto de chips no cérebro.

17 de Setembro de 2003

Eles confirmaram que já estamos no ponto zero, que as calotas polares estão se deslocando e que o tempo está diminuindo na nossa consciência. O tempo dos anjos é diferente do tempo dos habitantes de Esnak, onde o tempo também é diferente.

Hoje tivemos uma sessão excepcional, pois houve aporte de um livro sobre Teilhard de Chardin, que também estava presente e respondeu às nossas perguntas. Ele é a favor da união entre a visão divina com o cosmos, isto é, entre Deus e o Infinito.

O ponto Ômega não é o fim da evolução humana nem o ponto Alfa é o começo. A evolução não tem nem começo nem fim, pois é infinita. Essa informação foi uma grande ajuda para que eu continuasse escrevendo sobre o infinito. Assim, aprovaram o plano do meu livro.

Serão incluídos comentários sobre a metodologia da transcomunicação e a influência espiritual prévia na sua idéia, além de:

1. Comentários sobre a história da idéia do Infinito
2. O infinito na Filosofia
3. A Arte e o Infinito
4. O Infinito na Ciência. A descoberta infinita. Ou sem fim
5. Na matemática. O infinitamente pequeno. O infinitamente grande
6. O Infinito na Religião
7. O martírio de Giordano Bruno
8. O encontro entre ciência e religião, entre Deus e o Cosmos, de Teilhard de Chardin

Confirmado o significado simbólico do holograma de 16 espirais por dois oitos, um do infinitamente grande e o outro do infinitamente pequeno. A lemniscata (oito deitado) e o oito apareceram num fio de óleo perfumado em cima da mesa da sala.

27 de Setembro de 2003

Nova reunião dos três com guardanapos brancos, a pedido de Amyr e Roberto. Galo cantando na chegada de um habitante de Esnak. Anunciado um pó dourado que apareceu no meu dicionário de *latin galicum* na letra "V" – *Vulto importante,* recomendando para que ninguém mexesse. Roberto o transportou no meu altar.

Roberto me acha irritado. Talvez essa irritação se deva ao fato de eu ter que viajar na segunda-feira, embora, na realidade, preferisse ter mais uma reunião com os anjos.

3 de Outubro de 2003

Já na Europa, na casa de Manou, estou fazendo um relato da última reunião dos três irmãos, dia 30 de setembro. Roberto lembrou que era o dia dos três anjos, o que levou Joana de Angelis a anunciar que dali a dez minutos viria um anjo para produzir um fenômeno de transporte na minha própria casa.

O galo começou a cantar e pouco depois pediram para que nós procurássemos o que tinha sido materializado. Roberto e Amyr descobriram uma das Madonas transportada para cima do lustre de madeira, no meio da sala. Antes, uma cruz e um coração tinham se formado na parede com óleo perfumado.

As galáxias e a matéria são inseparáveis do infinito. O infinito contém todas as leis do universo. Os anjos têm acesso a essas leis, conseguindo fazer o transporte e as materializações. Foi uma reunião cheia de ensinamentos e a nossa missão é transmiti-las.

7 de Novembro de 2003

Ainda estou em Buenos Aires, sob o impacto da nossa última reunião com os anjos, na qual o pai de Roberto apareceu e transmitiu uma série de mensagens aos filhos, netos e à esposa.

Além dos oito seres do conselho, Madre Teresa de Calcutá também veio para dizer que não merecia que colocássemos o nome dela na sala da cachoeira na Unipaz, porém agradeceu. Em sessão posterior, a Irmã Dulce apareceu também, cantando através de um pássaro.

Juiz de Fora, 8 de Janeiro de 2004

Muitos acontecimentos ligados aos anjos. A vinda de Jean Yves, com seu seminário sobre anjos como mestres interiores, que será transformado em um livro cujo título será *Os Anjos Falam*. Juntando os relatos de mensagens dos anjos com Amyr, o espírito de Giordano Bruno, em nossa reunião, concorda com a minha visão da sua evolução. Os anjos insistem em ressaltar a pressa que temos na publicação desse livro.

Embora já seja um fenômeno corriqueiro, ficamos surpreendidos cada vez que a cadeira se desloca na direção de Roberto, para que as entidades visitantes possam se sentar. Apareceram Eva Pierrakos, o espírito protetor de Roberto, São Jorge, o protetor de Amyr, e Tereza de Lisieux.

Esse livro, *Os Anjos Falam*, foi constituído dos ensinamentos de Jean Yves expostos em seu seminário e da transcrição dos ensinamentos transmitidos diretamente pelos anjos.

---

* Publicado em 2004 pela Editora Verus.

CAPÍTULO 2

AS LIÇÕES DA RESPIRAÇÃO

8 de Dezembro de 2001

Há mais de trinta anos que me concentro periodicamente na minha meditação sobre a respiração. Descobri por mim mesmo algumas leis e evidências que foram confirmadas, em parte, por leituras, como as dos tratados de Yoga ou de Tai Chi. Vou apresentar aqui uma "rezinha" das minhas observações, hipóteses ou conclusões.

O assunto tem muito a ver com a Entrega. Pode ser que eu ainda transforme mais tarde este capítulo em artigo e/ou livro, mas de qualquer modo ele permanecerá neste livro na sua forma original.

EMPOLGADO COM O PULSAR DA VIDA

Devo declarar, já de início, que a observação regular da respiração me leva a um entusiasmo sem limites pela vida, pois a cada instante me encontro diante da própria vida vibrando, pulsando ritmicamente debaixo de todos os meus sentidos: sinto o ar entrando e saindo pelo meu nariz, ouço o doce soprar, vejo o meu tórax subindo e descendo, os perfumes das flores inundam o meu olfato; a salivação interfere periodicamente nessa suave pulsação. Que maravilha! Encontro-me diante do ritmo da vida inundando o meu ser inteiro sem cessar.

São inúmeros os aspectos ligados à respiração. Vou descrevê-los a partir de agora, começando pelo que mais atraiu minha atenção: saber quem é que respira.

QUEM É QUE RESPIRA?

Ouço de vez em quando as pessoas falando "Eu respiro", ou "A minha respiração". Estou convencido hoje de que quem declara isso está equivocado e iludido pelo próprio ego. Se você observar a respiração sem nenhuma interferência, só poderá constatar que existe "algo" que respira no seu corpo, mas esse "algo" com certeza não é você. O máximo que você pode afirmar é algo como: "O meu corpo é respirado" ou, se você se identifica com o seu corpo, o que é outro erro de percepção, "Eu sou respirado".

Se olharmos a questão mais de perto, poderemos distinguir três situações da respiração em relação a nós mesmos. A primeira forma de respirar é automática e inconsciente. A maior parte do tempo a respiração se dá à nossa revelia, sem que saibamos da sua existência. É a respiração inconsciente e involuntária. Essa respiração involuntária pode passar a ser observada por você. Mas quando você passa a observá-la, ela pode ser chamada de respiração automática consciente. Você sabe que está respirando e assiste a ela como se fosse um espetáculo externo, sem nenhuma intervenção sua.

A terceira forma consiste em modificar o ritmo respiratório, acelerando-o ou, pelo contrário, retendo o seu fluxo, por meio da sua vontade. Você pode até decidir parar de respirar por alguns momentos, como se costuma fazer no Ioga. Isso é o que podemos chamar de respiração consciente e voluntária. Só nessa terceira forma de respirar que você pode afirmar que é você que respira. Freqüentemente fazemos isso por meio de suspiros, movidos pela necessidade de compensar algum atraso ou de aliviar alguma leve ansiedade.

A distinção entre respiração automática e respiração voluntária encontra justificativa não somente na observação empírica, mas ainda na estrutura do sistema nervoso cérebro espinal. Com efeito, as duas formas de respirar têm centros diferentes de comando no sistema nervoso. A respiração automática tem vários centros situados no bulbo raquidiano. A respiração voluntária situa o seu centro no córtice cerebral.

Teríamos então aqui uma evidência da existência de uma entidade individual que chamamos de eu ou ego e que tem o poder de interferir em movimentos automáticos do sistema nervoso. Quem seria essa entidade?

Por outro lado, a observação consciente, sem intervenção, parece ser efetuada igualmente por esse eu.

A ENTREGA

Estamos, por conseguinte, diante de uma ação fisiológica, a respiração, que pode ser realizada de modo automático e natural, consciente ou inconsciente, ou de modo voluntário, quer dizer, submetida às ordens do eu ou ego consciente que pode acelerar, diminuir ou reforçar o seu ritmo natural, ou simplesmente observar.

A questão que se apresenta à nossa mente é "quem" desencadeou e mantém durante 24 horas por dia, até o fim da nossa existência, esse ritmo respiratório, sem que seja necessária a nossa intervenção. Essa pergunta desencadeia outras indagações que nos levam a um domínio espiritual e místico.

A QUESTÃO DA EXISTÊNCIA DO "EU" INDIVIDUAL E UNIVERSAL

Do ponto de vista racional e neurológico, tudo se passa, no caso da respiração, como se houvesse dois processos, um automático parecendo mecânico, e outro pessoal, individual e voluntário. Podemos observar de perto esse processo durante a meditação. O método mais comum da meditação de várias escolas consiste em ficar sentado, de coluna ereta, observando a respiração sem interferir nela.

Quando eu medito assim, a observação desse ritmo respiratório pelo meu eu consciente me leva a uma paz, tranqüilidade e, por que não dizer, felicidade acentuadas. Tudo se passa como se eu estivesse diante de uma manifestação do universo, do cosmos, de um ser maior e divino, que desencadeia, dirige e mantém esse ritmo da vida. Compreendo então a distinção que o Hinduísmo faz entre Atman e Brahman, entre o que Jung chamou de "Self" individual e de "Self" universal. Brahman ou o Self universal respira dentro do meu corpo; mas Atman ou o "Self" individual pode substituir o primeiro. Eu posso substituir Deus que respira em mim.

Compreendo também o ponto de vista do Advaita Vedanta, que não aceita essa separação, essa dualidade entre Atman e Brahman. Os seus mestres afirmam que Atman é Brahman, e que Brahman é Atman; que eles são tão inseparáveis quanto o são as ondas do mar. A respiração é, na verdade, a mesma, quer seja eu ou o Divino quem respira neste corpo. Neste momento, acabo de completar uma inspiração voluntária, para recuperar o volume perdido por causa da atenção exigida pela redação deste texto; tudo se passou como se houvesse uma continuidade inseparável entre Deus que respira em mim e eu. Sou apenas uma expressão da vontade divina.

A ENTREGA TOTAL À RESPIRAÇÃO

Compreendo também o ponto de vista do Budismo, que fala em An-Atman ou não existência de Atman, pois quando há um estado de completa entrega, sem a pretensão egóica de interferir, surge esse estado de paz, que justamente provém dessa vivência da inexistência de uma separação, ou melhor ainda, da vivência de uma vacuidade plena de tudo o que pode passar a existir, de onde tudo provém e para onde tudo retorna, inclusive os pensamentos provisoriamente aquietados. Chega um momento em que o observador da respiração e a respiração propriamente dita formam uma coisa só. Digamos que eu compreenda isso intelectualmente, embora não tenha certeza de que isso que vivo às vezes seja entrega completa. É um estado de paz, mas quem vive esse estado? Voltemos à questão inicial: quem respira?

Creio que preciso aumentar o tempo de entrega, pois o caminho está por aí. E quem toma essa decisão senão o meu ego que aspira à vivência da sua própria inexistência, do ponto de vista do mundo absoluto?

Assim sendo, ao me entregar à simples observação do ritmo respiratório, eu exercito a entrega total. E ao fazê-lo, desaparece por completo a ilusão da existência de uma dualidade, de uma separação entre o meu pequeno ser e o grande SER.

É essa a primeira lição que podemos receber do ato respiratório: a inexistência da separação entre o ser e o SER.

Outra lição extremamente importante é a nossa obrigação de viver.

VIVER OU MORRER...

Ao tomar conhecimento da minha capacidade de interferir na respiração, aprendi, no Ioga, que eu podia parar de respirar durante um certo tempo. Grandes mestres indianos de Ioga podem parar de respirar durante muito tempo. Conheci no Himalaia, no Shivananda Ashram, em Rishikesh, o Swami Nadabrahmananda, que podia parar de respirar durante quinze minutos até meia hora. Ele aprendeu isso com um mestre, ficando debaixo d'água no rio Ganges.

Mas nós não podemos fazer isso e, se tentarmos, morreremos. Mesmo esses mestres têm que voltar à respiração normal se quiserem sobreviver. Na hora da primeira respiração, antes do primeiro grito do bebê, ele é obrigado a iniciar o movimento, senão morre. Isso está inscrito em todo ser humano, e tudo indica que há uma memória disso, gravada no nosso subconsciente.

Eu mesmo tive acesso a essa vivência do grito primal, submetendo-me a uma experiência de hiperventilação, muito usada atualmente em certas terapias transpessoais. Lembro-me muito bem de que, depois de uns vinte minutos desse exercício, eu parei compulsivamente de respirar; nesse momento eu me vi novamente como um bebê e senti que eu tinha uma só escolha: começar a respirar, senão eu morreria!

Assim, a respiração nos ensina outra lei: todos os seres vivos são obrigados a respirar, logo ao nascer. A nossa missão primeira nesta vida é vivê-la.

CONFIAR E ENTREGAR

E por detrás dessa lei se encontra uma outra: confiar. Confiar neste ritmo e na sua constância. E graças a essa confiança podemos nos entregar à respiração. A entrega e a confiança são tamanhas que raramente tomamos consciência da respiração. Querendo ou não, ao nos entregarmos e confiarmos na respiração, não estamos nos entregando e confiando no próprio Divino?

Disso decorre outro princípio de Vida: se quisermos viver felizes e em paz, precisamos confiar e nos entregar à vida.

INSPIRAR, EXPIRAR: UMA SÍNTESE DA NOSSA EXISTÊNCIA

Em cada respiração encontramos os dois movimentos que simbolizam o início e o fim da nossa existência neste planeta.

A primeira respiração, na hora de nascer, começa com uma inspiração. A última respiração, marcando a nossa passagem, termina com uma expiração. E nunca saberemos quando será o último suspiro; cada expiração pode ser a última, e também o último gesto de confiança e entrega nesta existência.

Há uma outra lei diretamente ligada ao nascimento e à morte em cada ato respiratório; refiro-me a um convite quase explícito, pelo menos evidente para quem reflete sobre o assunto, para vivermos intensamente cada instante que representa uma respiração. Ora, viver cada instante exige que aceitemos a morte do instante que passou e foi resumido no mais recente suspiro, e o nascimento de um novo instante, que já sabemos que irá morrer. Esse saber é um convite para que possamos desfrutar as alegrias e a felicidade de cada momento. Coisas simples tais como o gato que se aninha no nosso colo, o neném que nos dá um sorriso, um aperto de mão carinhoso, uma nova idéia de um novo plano ou sistema, a chuva que bate na janela ou um raio de sol que banha o nosso corpo.

Resumindo o princípio subjacente, a paz e a felicidade estão em viver o momento presente, aceitar a morte do instante que passou e o nascimento do outro momento que se manifesta.

O PRINCÍPIO DA BIPOLARIDADE

A expiração é um gesto passivo, feminino. A inspiração é um gesto ativo, masculino. Em todos os momentos da nossa existência, qualquer que seja o nosso sexo, agimos de forma masculina ou feminina, somos ativos ou receptivos, pensamos ou sentimos, raciocinamos ou amamos, cultivamos a efetividade ou a afetividade.

Na inspiração somos masculinos, na expiração somos femininos.

A LEI DA TROCA

Na inspiração, o organismo recebe o ar e dele assimila o oxigênio. Na expiração, libera o gás carbônico para as plantas respirarem. Está aí uma lei importante a respeito do dar e receber: a vida nos impele à constante troca; para sobrevivermos temos que receber e aceitar o necessário e dar o necessário para quem precisa.

A ENTREGA

Dar e receber é uma lei que se estende à nossa vida social, em que damos e recebemos amor e amizade. Ela se estende até ao dinheiro e à troca de mercadoria e de serviços.

ESPAÇO, TEMPO E MOVIMENTO

A cada movimento de inspiração, o nosso tórax invade o espaço externo, que diminui. Enquanto isso, o espaço interno aumenta na mesma proporção. Mas podemos perguntar: existe realmente espaço interno e externo? Não será o mesmo espaço, com a única diferença de que um se enche de ar e o outro se esvazia? Aliás, não será não apenas o mesmo espaço, mas também o mesmo ar? Não haverá aqui uma evidência fisiológica e física da identidade entre sujeito e objeto, da ilusão da existência de qualquer dualidade, como afirma o Budismo?

E se examinarmos o que se passa com as três dimensões do tempo, a cada movimento respiratório somos surpreendidos por uma constatação: suponhamos que você esteja andando. À frente está o seu futuro e atrás está o seu passado. A cada inspiração o seu tórax avança tal como o seu corpo, mas a cada expiração o seu tórax recua em direção ao passado, enquanto seu corpo continua andando para a frente, em direção ao futuro!

Passa-se coisa semelhante com os seus pés: enquanto um pé está no passado, o outro está no futuro! E onde está o presente?

O movimento da respiração no espaço ocorre fora das três direções do tempo. Tudo indica que o tempo, o espaço e o movimento sejam conceitos relativos, criados pela mente humana. No absoluto, simplesmente não existem.

E quando acaba o movimento da respiração, com ele não estarão desaparecendo também a ilusão da dualidade sujeito-objeto, assim como a miragem da existência de um tempo?

Acabamos de examinar o último aspecto da respiração pelo menos a nosso ver. Ele nos faz penetrar no âmago do Real. Por isso, é bastante revelador o contato direto e diário com a respiração, durante a meditação, com a confiança da completa Entrega.

CAPÍTULO 3

REFLEXÕES E INTUIÇÕES SOBRE AS MANIFESTAÇÕES DA ENTREGA

6 de Agosto de 2003

BALANÇO PERIÓDICO

Veio-me a intuição de que chegou o momento de fazer um balanço periódico sobre o que se passa comigo, agora que anjos e seres superiores ou ligados a eles estão em comunicação direta comigo e com os meus companheiros Roberto, Amyr e Jean Yves Leloup.

Lembro aqui que descrevi no Capítulo 1 como os anjos pediram a Amyr que realizasse esse encontro periódico entre nós três já em junho de 2001.

7 de Agosto de 2003

UMA MUDANÇA DE PERSPECTIVA

Parece-me que uma mudança de perspectiva está se operando em mim. Graças a essas reuniões semanais, eu me vejo agora rodeado de seres de outras dimensões e sei que um dia serei um deles. Aliás, eu sou um espírito que mora provisoriamente neste corpo. Um corpo cansado, gordo, pesado, com a vista enfraquecida e coberta por uma névoa cada vez mais espessa.

Mesmo convencido de que a minha passagem não acontecerá tão cedo, estou afetivamente me preparando para me acostumar com a idéia, e se possível com a experiência, de ser esse espírito fora do corpo físico.

BIFURCAÇÃO ENTRE A CIÊNCIA E A RELIGIÃO

22 de Agosto de 2003

Cheguei a Amyr movido por um espírito de pesquisa, e a nossa abordagem na Unipaz em 1993, com Stanley Krippner, foi puramente científica. Encontro-me agora diante de um verdadeiro dilema.

Recebo instruções de entidades cuja existência foi comprovada pela nossa pesquisa, mas que, pela ciência, são consideradas religiosas. Encontro-me numa bifurcação entre a ciência e a religião. A ciência que rejeitava a religião como sendo não-científica recebe agora, por meio da transcomunicação, descrições e explicações sobre o universo, a outra dimensão ou outro nível de realidade assinalado como um dos princípios da transdisciplinaridade, de seres que fazem parte desse outro nível e são considerados religiosos, isto é, os anjos.

Mais do que isso: eles nos introduzem experiencialmente a níveis de percepção além dos nossos sentidos corriqueiros, nos fazendo vivenciar como eles vivem a realidade.

ALÉM DA BIFURCAÇÃO

14 de Setembro de 2003

Cheguei à conclusão de que, com a nossa pesquisa de Transcomunicação, a Ciência e a Religião são transcendidas, e essas duas disciplinas, à procura da verdade, anulam uma à outra. A verdade não é nem científica nem religiosa, ela simplesmente é. Ciência e religião eram caminhos diferentes para se chegar à verdade.

Agora estamos diante de seres oniscientes que conhecem inclusive os detalhes da nossa tecnologia e possuem tecnologias próprias muito mais adiantadas que as nossas. A nossa ciência e tecnologia se resumirão a consultar esses seres e seguir os seus conselhos ou ainda receber tudo já pronto, como é o caso das nossas materializações?

Por exemplo, eles me autorizaram a dizer a Basarab Nicolescu, professor de física das altas energias da universidade de Paris VI, que a técnica da renormalização em física quântica está errada. Ele disse que só tinha o valor de uma fórmula matemática.

17 de Setembro de 2003

Depois da extraordinária sessão de hoje com Roberto e Amyr, sinto um enorme privilégio em poder voltar aos tempos bíblicos e ficar em contato com os anjos de maneira mais modernizada, por meio do rádio, e de ter podido conversar com Teilhard de Chardin.

Tudo está interligado, e eu sou teleguiado na minha existência e nas idéias e na redação dos meus livros.

Até o Infinitismo, idéia que eu pensei que fosse minha, na realidade veio deles!

APRENDENDO SOBRE MEU PASSADO

Estou aprendendo cada vez mais sobre meu passado. Em resumo, eu era amigo de Roberto nos tempos de Cristo e éramos conselheiros de Amyr, que era Felipe. Ambos éramos membros da escola dos terapeutas e tínhamos relação com Jean Yves Leloup, que era o próprio Fílon de Alexandria. Eu fiz parte da inquisição. Embora não tenha torturado ninguém, eu tinha os mesmos preconceitos deles, por isso estou hoje passando por uma reaprendizagem, que começou quando eu era amigo de Giordano Bruno. Hoje estou tomando conhecimento de Allan Kardec e dos seus trabalhos, assim como dos tibetanos. Jean Yves me revelou que, quando foi à ilha de Patmos, onde João escreveu o Apocalipse, ele reconheceu os lugares, e está convencido de que também já foi João, o evangelista, e também Mestre Eckhart.

PROTEÇÃO DO ALÉM

Montreal du Gers, 3 de Outubro de 2003
No aeroporto de Paris, duas vezes pessoas me chamam para me devolver a carteira e a bolsa com dinheiro, além dos documentos. Eu sei que são eles, ou um deles, que me protegem. Essa é uma nova tomada de consciência.

BALANÇO PERIÓDICO NO ENCONTRO COM MEU MESTRE

16 de Outubro de 2003
No dia 12 de outubro, dia de Lua cheia, depois de ter assistido ao congresso de transpessoal, comuniquei o desejo dos anjos de se comunicar conosco.

Hoje assisti ao curso do Dalai Lama, sobre o Madyamika de Agarjuna. No fim desse curso, encontro com o meu mestre Pemala.

Viver em paz antes de tudo e não me preocupar com o corpo. Esses foram os conselhos de Pemala.

HAJA PRESENÇA DE ESPÍRITO

7 de Novembro de 2003
Depois que os anjos criaram o grupo, que chamei humoristicamente de conselho transdisciplinar espiritual, passei a me encontrar, de modo imprevisto e periódico,

com os espíritos de Teilhard de Chardin, padre Pio, padre Inácio, Chico Xavier, o tio de Roberto, Allan Kardec, John Pierrakos e Giordano Bruno. São oito para simbolizar o infinito. Além disso, Madre Teresa de Calcutá e Irmã Dulce, sem contar Joana de Angelis, que agora nos pediu para chamá-la de Joana d'Arc, participam ativamente da transcomunicação.

Em outras palavras, além de vivenciar acontecimentos dos tempos bíblicos, podemos consultar espíritos de alto nível.

Haja presença de espírito para fazê-lo!

OS ANJOS FALAM!

28 de Novembro de 2003

Estou a bordo do avião que vai de São Paulo a Brasília. São 22 horas e 40 minutos.

A vinda de Jean Yves Leloup deu um novo impulso aos nossos encontros com os anjos. O seu seminário será publicado em forma de livro, que será uma continuação do livro *Transcomunicação,* já publicado. O livro se chamará *Os Anjos Falam!*

O nosso grupo está crescendo em importância!

Tenho a impressão que os anjos estão me instruindo sobre diferentes estilos de relacionamentos homem-mulher, para me preparar para uma nova e última experiência de um companheirismo de elevado nível espiritual.

É uma perspectiva que não deixa de me encantar, e creio que aos anjos também. Estamos assim mais perto deles.

A ENERGIA DO TANTRA

17 de Maio de 2004

Estou em Lisboa, de partida para o Brasil, via Paris.

Descubro aos poucos que há dentro de mim um canal de uma poderosa energia que, à minha revelia, provoca experiências transpessoais em mulheres com as quais tenho um contato mais íntimo. É como se eu estivesse continuando um comportamento antigo, de outras vidas, de ser um instrutor de Tantra. São muitas as mulheres que, depois de uma conferência minha, vêm me abraçar, agradecer e me dizer que me viram envolto num halo de luz.

Devo reconhecer que, durante as minhas palestras e seminários, eu me sinto ligado a uma força maior, inspiradora. Às vezes afirmam que falei certas coisas das quais não me lembro.

Terminamos de escrever a primeira parte dos nossos encontros com os anjos. O livro está previsto para sair em outubro, quando Jean Yves virá.

Tivemos a visita de Francisco de Assis, que confirmou que foi ele o responsável pelo tremor de terra que destruiu a catedral, por não concordar com esse luxo em contraste com a sua mensagem de simplicidade. Também vieram Gautama e Mohamed, com o grito do seu camelo.

Cada vez que um espírito de luz vem falar conosco, a cadeira da cabeceira da mesa vira na direção de Roberto, que toma nota dos dados essenciais de cada seção. Às vezes a cadeira dá verdadeiros pulos.

Sinto-me cada vez mais envolvido com essas mensagens. Os anjos nos confirmaram que somos os únicos no planeta a receber esses ensinamentos e isso aumenta muito a nossa responsabilidade!

FESTEJANDO OS 80 ANOS

No dia 16 de abril, festejei os meus 80 anos. Muitos gestos de carinho e festejos em Brasília e Paris. Embora esses 80 anos tenham sido previstos por videntes e astrólogos, a continuação da minha existência ainda é um mistério.

Estou realmente mais entregue. Seja lá o tempo que for, que seja feita a Sua vontade!

PRIMÓRDIOS DA GRANDE TRANSFORMAÇÃO?

Noite de 31 de Dezembro de 2004

Estou ainda sob o efeito assustador da catástrofe do maremoto da Ásia. Até agora são 150 mil mortos. Tudo indica que se trate do início de uma grande transformação, que se dará com a vinda da Grande Mãe.

Aliás, numa das nossas últimas reuniões com os anjos, a minha casa, isoladamente, sacudiu durante uns cinco se-

REFLEXÕES E INTUIÇÕES SOBRE AS MANIFESTAÇÕES DA ENTREGA

gundos por causa de um terremoto tão forte que Rosa, a minha cozinheira, ficou apavorada.

Eles confirmaram que queriam nos dar uma amostra do que ia acontecer com a vinda da Grande Mãe. Aliás, não se trata de uma pessoa, mas do lado feminino da energia do Infinito.

Samara também previu que tudo ia começar no início de 2005, com invasão de mares e mudança do eixo da Terra, o que, segundo comunicado oficial de um instituto de geologia, já aconteceu. O eixo da Terra já se deslocou seis centímetros.

Os anjos terminaram de nos ditar uma descrição de Deus, não como uma pessoa, mas como o eterno Infinito. O título do livro será *Deus?* A sua publicação coincide com a do meu livro *Rumo ao Infinito*, inspirado por eles, desde os meus 18 anos, quando eu acreditava ter criado uma nova teoria, o Infinitismo. Eles me revelaram, recentemente, que foram eles que me inspiraram.

CAPÍTULO 4

OBSTÁCULOS À ENTREGA

2 de Janeiro de 2005

MUDANÇA DE POSTURA EM RELAÇÃO À MORTE

Passei os últimos dois anos em contato com os anjos e constatei que passei por uma transformação no que se refere à minha postura sobre a passagem e o além. Digamos que me convenci definitivamente de que a vida continua depois da morte. Integrei completamente tudo o que transmito aos participantes do meu seminário sobre "A Arte de Viver a Passagem".

O que mais contribuiu para isso foi a visita constante de espíritos de amigos desencarnados, como o padre Inácio ou John Pierrakos, ou mesmo de desconhecidos como Teilhard de Chardin. Esse último até me pediu emprestado o manuscrito de meu livro *Rumo ao Infinito*. Ele me comunicou que queria ler o conteúdo para alunos dele que não tinham a habilidade da leitura telepática. Eu concordei. Na mesa havia duas cópias: uma branca, corrigida à mão, e uma azul, definitiva. No dia seguinte ao pedido, ele desmaterializou a cópia branca. Surpreso, perguntei a Roberto Crema se ele a tinha levado para casa. Não somente disse que não, como se lembrou de que a cópia branca tinha ficado em nossa mesa de reuniões, em cima da azul. Dois dias depois, a cópia branca voltou e a azul se desmaterializou. Depois de uns dois meses, a cópia azul se materializou de novo. No mês passado, Teilhard de Chardin me pediu emprestado, pelas mesmas razões, o único exemplar da edição em francês da minha autobiografia, que tinha acabado de ser lançado na França. Trata-se de uma publicação, num único volume, da tradução de *A Revolução Silenciosa* e de *Lágrimas de Compaixão*. Mais uma vez concordei e deixei o livro em cima de um dicionário de *latin gallicum* do século 16. O livro se desmaterializou antes da partida de Amyr e ainda não voltou.

A experiência de fatos tão concretos e de contatos com espíritos conhecidos que me dão constantemente evidências insofismáveis da sua existência real, embora em plano de consciência e de realidade diferente do nosso, deveria contribuir para transformar a minha percepção do fenômeno da desencarnação e do que acontece depois. Mas essa transformação consiste apenas numa mudança de opinião; as minhas atitudes e percepções continuam as mesmas.

Vou dar um exemplo:

FALTA DE MUDANÇA DE ATITUDE

O maremoto da Ásia e da África me tocou muito, sobretudo ao constatar que a cada dia o número de mortos aumenta, chegando ontem a 150 mil. Pois bem. Recebo a notícia lamentando profundamente o desaparecimento desses seres e o sofrimento enorme que ele representou para os que ficaram. Reajo a essas mortes como se elas fossem uma morte definitiva; nem me lembro do conceito de passagem e de continuidade da vida e da consciência.

Só há uns três dias tomei consciência do meu erro, sobretudo quando me lembrei de previsões de videntes sobre a vinda da Grande Mãe e o desaparecimento de um ou dois terços da população do planeta. Samara, a entidade da qual já falei, disse que tudo iria começar a partir do início deste ano. Só iriam sobreviver os seres humanos que cuidaram e cuidam da sua evolução espiritual.

Comecei então a me perguntar, já que a morte não existe, onde – em que interregno – vão ficar esses espíritos desencarnados, mas não mortos.

CONSIDERAÇÕES EM TORNO DO CARMA

Existe, por trás dessas previsões, uma espécie de conceito de punição, castigo e condenação para os que se apegaram apenas à vida material, sem se preocupar com a evolução espiritual. Ficar na Terra seria uma espécie de recompensa. Mas essa interpretação implica a noção de pecado e de punição, que são conceitos judeu-cristãos. O conceito oriental de carma é diferente.

Em termos de carma, não haveria nem pecado nem recompensa nem castigo, mas sim um efeito normal, natural, de uma causa ou de um conjunto de causas. A permanência ou a mudança de plano seria apenas o efeito do apego ou do desapego, de se ter deixado levar pela compaixão, pelo amor e pela alegria, ou de ter sido encurralado pela indiferença, pelo ódio e pela depressão.

Mas o que será dos 150 mil espíritos? Eles vão seguir o caminho normal do Bardó Thödol, do livro dos mortos tibetano, e voltar para este planeta, para completar a sua aprendizagem? E nesse caso, por que não ficam de vez aqui neste plano?

O mesmo podemos perguntar dos outros milhões de pessoas que irão morrer se o processo de destruição dirigido pela Grande Mãe continuar. Serão bilhões de espíritos para reencarnar? E reencarnar onde?

A minha inteligência e compreensão não alcançam o que está previsto.

Será que a entrega significa para nós, seres humanos ignorantes, ter a humildade de reconhecer os nossos limites e, simplesmente, aceitar o que der e vier, deixando de lado as indagações e os questionamentos?

Parece-me que os anjos já me recomendaram várias vezes isso. E cada vez que eu faço perguntas cuja resposta é incompreensível para mim, eles ficam em silêncio, sem responder. Por outro lado, eles ampliam a nossa intuição e falam que estão nos preparando para essa vinda.

Só me resta, neste início de 2005, "deixar como está para ver como é que fica". Entregar-me de fato!

Estou tomando consciência de que o grande obstáculo é o eterno perguntador, o Pierre racional que abafa o Pierre intuitivo.

17 de Janeiro de 2005

MAIS NOTÍCIAS DE DESTRUIÇÃO

Dei-me conta por estes dias, ao ouvir notícias por rádio e TV, de que todos os continentes são atingidos por fenômenos e desastres naturais e letais. Sem falar do terremoto e do maremoto da Ásia, que provocaram a morte de mais de 160 mil pessoas, a América do Norte é assolada por deslizamentos de terra e tempestades de neve; a América Central, por terremotos; a América do Sul, por secas e inundações; a Austrália, por terríveis e devastadores incêndios florestais; e a África é dizimada pela Aids. Será isso um acaso? Ou estamos diante do início da vinda da Grande Mãe?

AS LÍNGUAS AJUDAM A COMPREENDER

24 de Janeiro de 2005

Nesta madrugada me ocorreram significados da palavra *entrega* em várias línguas e fiquei maravilhado, pois elas esclarecem certas perguntas que fiz, inclusive no que se refere aos obstáculos à entrega. Vejamos...

Na minha língua materna, o francês, o termo *lâcher prise* é bastante eloqüente; significa, em português, soltar, ou melhor, desgarrar. A idéia é que seguramos possessivamente um objeto na mão e, de repente, mudamos de atitude, assumimos a atitude oposta, e soltamos incondicionalmente o objeto. Por detrás disso está o apego como obstáculo principal à entrega e o desapego, que nos liberta do agarramento possessivo e nos leva a abrir mão do objeto.

O verbo do inglês *to surrender* é o equivalente a se entregar ou se render, ou a algo ainda mais forte do que isso. É o que acontece numa luta marcial corpo a corpo, em que os dois resistem à dominação um do outro. A resistência parece ser o obstáculo à não-entrega.

O alemão tem também uma expressão bastante eloqüente, *aufgeben*, que significa doar ou dar, abrindo ou fazendo uma abertura. Aqui também há a idéia da retenção e do fechamento como obstáculo; por detrás existe o apego e a possessividade.

CAPÍTULO 5

ENTREGA NATURAL ÀS FUNÇÕES FISIOLÓGICAS

A descrição que fizemos da respiração nos leva a um aspecto um tanto inesperado da entrega, o que poderíamos chamar de entrega obrigatória. No caso da respiração, somos obrigados a nos submeter ao ritmo respiratório espontâneo. Caso contrário, interrompe-se a nossa existência.

Vamos mostrar que o mesmo acontece com algumas outras funções fisiológicas capitais, a começar pelo ritmo cardíaco.

O RITMO CARDÍACO

Normalmente, as batidas do nosso coração são automáticas e inconscientes.

O ritmo cardíaco pode se tornar consciente quando, com a mão ou um registro cardiológico, passamos a observar as batidas do coração.

Não há necessidade de decidirmos nos entregar a esse ritmo e acompanhá-lo; querendo ou não, estamos entregues. Temos de nos render ao impulso da natureza, que ge-

73

nerosamente bombeia sangue nas nossas artérias e veias, durante 24 horas, nos setenta ou mais anos da nossa existência. Só isso, por si só, já é um milagre. A entrega tem que se limitar a admirar esse permanente milagre em nós mesmos. "Que maravilha!"

A DIGESTÃO

Enquanto a circulação é completamente involuntária, a alimentação, a digestão e a eliminação não são.

Desde o estágio da escolha dos alimentos, existe uma força que nos obriga a nos alimentarmos, e ela é praticamente irresistível. Estou me referindo à fome, que garante a nossa sobrevivência. Querendo ou não, temos de obedecer a ela.

A entrega completa dá a força da fome, o que consiste em comer na hora em que há necessidade e parar de comer quando estamos saciados.

Essa entrega espontânea é bastante rara na nossa civilização, onde existe todo um ritual em torno da alimentação, com horas predeterminadas para o desjejum, o almoço, o lanche e o jantar. Os animais comem quando estão com fome e, quando a sentem, procuram o alimento de que precisam. A entrega deles às exigências da natureza é total.

Com o ser humano acontece exatamente o contrário; há pouca entrega espontânea. Se existe uma entrega, é em relação às regras criadas pela sociedade com respeito à alimentação. Podemos até nos perguntar se esse hábito de se-

ENTREGA NATURAL ÀS FUNÇÕES FISIOLÓGICAS

guir regras no que se refere à alimentação não seria de natureza normótica. Como se sabe, a normose consiste em seguir normas sujeitas a um consenso da sociedade e que por isso mesmo são consideradas como "normais", embora provoquem repercussões patológicas que provocam doenças e sofrimentos.

O silvícola está entregue, confiando nos alimentos que ele caça ou descobre no mato. Nós, os chamados civilizados, temos armazéns e supermercados onde podemos, a toda hora, escolher legumes, verduras, grãos, frutas, carnes, peixes, aves, à vontade e ao alcance do nosso bolso. Essas mercadorias são então distribuídas em várias refeições, sem falar dos festins e banquetes. Estamos aqui bem longe da entrega do nativo. A sua entrega lhe mostra o tempo todo o quanto ele depende da natureza ou do divino; isso explica por si só a reverência que ele tem por ela. Colocamos aqui em relevo a relação existente entre a entrega à natureza e o culto à natureza.

Ao contrário da alimentação, que pode ser feita de acordo com a nossa vontade, a fase seguinte, a digestão, é normalmente automática. Querendo ou não, temos que nos render ao processo natural de digestão. Podemos citar, como raríssima exceção histórica, o caso dos romanos, que usavam um processo sistemático de vomitar, para preservar a sua capacidade de se alimentar nos lautos banquetes. Mas isso é, na realidade, uma perversão contra a natureza.

A entrega total é também exigida no momento da eliminação dos restos dos alimentos digeridos. A vontade de defecar e urinar é acompanhada de um sinal sensorial convidando para um prazer irresistível seguido da calma do relaxamento e da sensação de alívio.

Aqui também podemos exclamar: "Que maravilha!", diante desse milagre permanente de transformação dos alimentos em energia, através do corpo.

Nesse caso também podemos entregar e confiar. Algo trabalha o tempo todo para assegurar a nossa sobrevivência.

A CIRCULAÇÃO DA ENERGIA

Invisível aos nossos olhos, a energia circula no nosso corpo; por isso mesmo estamos permanentemente entregues a ela.

Do ponto de vista da entrega, há duas situações bem distintas com relação ao nosso sistema nervoso: os atos voluntários e os atos reflexos. Os reflexos implicam uma entrega completa. Feitos para defender o nosso organismo, temos que obedecer a eles, querendo ou não.

A entrega só pode ser feita por meio dos atos voluntários. Entregar-se do ponto de vista voluntário consiste justamente em deixar que o sistema nervoso voluntário funcione sozinho, sem nenhum impulso. Por exemplo, numa escada rolante, você pode esperar passivamente até chegar no topo ou pode subir os degraus, para chegar mais depressa; no primeiro caso, você se entregou inteiramente ao movimento da escada rolante.

O Ioga descreve um sistema energético diferente do sistema nervoso, o sistema do prana ou da energia vital, que circula em canais energéticos e é distribuída através de entroncamentos chamados chakras, ou rodas, em sânscrito. Distinguem-se sete chakras. Cada um tem uma função determinada, a saber: de baixo para cima, temos segurança, sensualidade, poder, amor, inspiração, conhecimento, transcendência.

Essas funções são responsáveis pelo nosso comportamento e regem a nossa evolução. A arte de viver consiste em dosar a entrega a cada chakra, em função do conjunto de circunstâncias de cada momento. Os três primeiros chakras precisam ser dosados e limitados, pois a sua força tende a envolver toda a nossa pessoa. Os quatro últimos precisam, ao contrário, ser incentivados quanto à entrega, pois facilitam ou incentivam a transformação em direção ao SER.

ANDAR

Uma das nossas ações mais corriqueiras a que costumamos nos entregar é o andar.

O ato de caminhar, passear, andar pode ser feito de três maneiras: de modo voluntário, entregue inconsciente e entregue consciente.

Quando temos pressa de chegar a um lugar e caminhamos a pé, a nossa tendência é dirigir voluntariamente os nossos passos, evitando tropeços, escolhendo caminhos mais curtos, permanecendo atentos a tudo o que ocorre.

Num passeio descontraído em meio à natureza, há uma entrega quase completa aos movimentos automáticos do andar.

Certos sábios recomendam que façamos da entrega ao caminhar um ato meditativo. Trata-se de andar do mesmo modo descrito anteriormente, mas com uma diferença essencial: a presença. Você procura estar presente a cada passo que dá. Transforma-se em simples observador de si mesmo, caminhando automaticamente. É uma forma gostosa de se harmonizar com a sua própria natureza e de admirar a sua perfeição.

Uma das mais poderosas formas de entrega à natureza são as relações amorosas. Vamos dedicar um capítulo especial à entrega no amor.

1º de Fevereiro de 2005

CAPÍTULO 6

AS RELAÇÕES AMOROSAS
UMA ESCALA DE QUALIDADE

No capítulo anterior, tratamos da entrega em diferentes níveis das funções fisiológicas.

No caso das relações amorosas entre um homem e uma mulher, existe uma base fisiológica indiscutível de entrega, mas que constitui apenas o começo de toda uma escala qualitativa de entrega.

Se existe um domínio em que ocorrem infinitas oportunidades para nos entregarmos é o das relações amorosas. Pode-se inclusive afirmar que quanto mais entregues um ao outro estiverem o homem e a mulher, mais harmonia e profundidade haverá na relação.

A vida aos poucos me ensinou que existem, nas relações amorosas entre um homem e uma mulher, vários degraus qualitativos de entrega, à medida que a relação se torna mais elevada e transcende o plano propriamente físico e genital.

Vamos descrever esses diferentes níveis, procurando deixar claro em que consiste a entrega e como ela se manifesta em cada um deles.

A ENTREGA

A RELAÇÃO SEXUAL

Mais freqüente é o encontro entre o homem e a mulher no plano sexual. A atração é bastante poderosa e mais ou menos irresistível.

Mesmo que os primeiros contatos pareçam puramente platônicos, lembrando mais os de amigos ou namorados de antigamente, no fundo existe a força sexual, a energia da libido, provisoriamente represada e sublimada em função da educação e dos condicionamentos de cada um dos parceiros. A não ser que a relação permaneça voluntariamente no plano da amizade, mais cedo ou mais tarde o sexo aparecerá sob todas as suas variedades eróticas.

A característica principal da relação sexual é a existência de um forte impulso para cada um se entregar ao orgasmo, cada um por si, de modo bastante egocêntrico. Os diferentes prazeres dos sentidos e das carícias são vivenciados por cada parceiro ao máximo, na base da troca de prazeres: você me proporciona sensações prazerosas e eu as retribuo.

Para muitos casais, a evolução para aí. O casal ou a pessoa permanece nesse estágio primitivo até o fim da relação ou da existência. Outros, mais raros, descobrem um segundo estágio, muito mais prazeroso e satisfatório do que o primeiro, embora mais complexo.

A ENTREGA SEXUAL A DOIS

O primeiro estágio, embora bastante prazeroso, tem por detrás um aspecto profundamente insatisfatório e pouco consciente. Cada um isoladamente se entrega ao chamado do orgasmo. O primeiro que alcança o orgasmo em pouco tempo perde o interesse em prosseguir os carinhos, abraços e carícias, e se recolhe, entregando-se à descontração. Um quer repouso enquanto o outro quer continuar o prazer. Estabelece-se um diálogo de surdos e os dois se sentem sós; é uma solidão a dois bastante desagradável.

Alguns pares procuram sair desse impasse e descobrem a grande saída: o orgasmo compartilhado, a entrega sexual a dois.

Para isso é necessário que cada parceiro descubra quando o outro está pronto para se entregar ao orgasmo. Isso é precedido de um diálogo e de uma decisão a dois. Acontece então uma festa, um concerto de gemidos de prazer, mesclado com a alegria a dois, e um sentimento de unidade e de fusão. O sexo assume uma dimensão sagrada, que se renova a cada vez.

A partir daí se instaura progressivamente uma nova etapa.

A SUBLIMAÇÃO A DOIS

Com o decorrer do tempo, o casal ou um dos parceiros descobre uma nova lei sexual: *à medida que se retarda o orgasmo, o prazer aumenta e o ato se transforma numa verdadeira celebração.*

Menos orgasmo, mais tempo de preliminares e o amor mais puro se manifesta.

A entrega muda de patamar; em vez do orgasmo, cultiva-se a expressão de todas as formas, de sentimentos nobres, a troca de poemas, de passeios ao luar, abraçados ou de mãos dadas. O respeito e a admiração mútua se desenvolvem. Casais trabalhando em prol de necessitados e praticando o bem se multiplicam nessa fase. No fundo, eles querem compartilhar as alegrias da entrega, entregando-se ao serviço e à comunidade. Isso pode vir acompanhado de práticas de elevação espiritual ou religiosa.

12 de Fevereiro de 2005

A EXPERIÊNCIA TRANSPESSOAL A DOIS

Como sabemos, o nível mais elevado de evolução humana transcende a pessoa e se encontra no que é conhecido hoje como "experiência transpessoal", objeto de um novo ramo da psicologia transpessoal.

Grandes santos e místicos de todas as tradições espirituais têm descrito essa experiência com as seguintes características comuns:

Visão de uma luz qualificada como divina;
Desaparecimento do que chamamos de eu, o ego visto como resultado de uma separação ilusória sujeito-objeto;
Disso resulta uma experiência não-dual em que sujeito e objeto não são mais separados;

Encontro com seres em outra dimensão, tais como guias, anjos ou mesmo espíritos desencarnados;

As pessoas descrevem a experiência como tendo um caráter sagrado e divino;

Sentimento de elevação espiritual e de êxtase;

Mudança posterior de comportamento. A pessoa se desapega dos valores materiais e integra valores como o amor, a verdade e a beleza.

Essa experiência se encontra na base da criação das grandes religiões, cujos fundadores tentaram comunicar aos seus discípulos os métodos para se chegar a ela.

Essa experiência, porém, não é privilégio de grandes santos e místicos. Ela acontece também com seres comuns, às vezes até com analfabetos da zona rural.

E acontece também com casais, em diferentes ocasiões. Às vezes, na primeira vez em que os olhares se cruzam, há um sentimento de unidade, de fusão e de encontro de dois corações. Embora esse sentimento possa ser resultado da sublimação descrita no parágrafo anterior, essa experiência pode acontecer também fora de qualquer prática sexual.

Os casais que chegaram a esse nível alcançam o maior grau de felicidade que dois seres humanos podem sentir.

Nesse nível não há mais entrega, pois o ego, sujeito da entrega, já se dissolveu.

CAPÍTULO 7

A ARTE DE MERGULHAR NOS EVENTOS

UM LIVRO ABERTO PARA NÓS

A toda hora estamos na situação de nos submeter a certos acontecimentos e embarcar neles, de nos opormos a eles ou de simplesmente deixá-los passar.

No primeiro caso, podemos dizer que estamos nos entregando ao evento. No segundo caso, estamos resistindo a ele; e no terceiro caso, estamos nos mostrando indiferentes.

Por exemplo, há uns dois meses, eu tive de me submeter a uma radioterapia na próstata, para diminuir o tamanho desse órgão, que dificultava o meu fluxo urinário noturno e me impedia de dormir profundamente.

No meio do tratamento, um amigo me contou a história de uma médica uruguaia, formada em neurocirurgia no Ocidente e com onze anos de estudos e prática da medicina chinesa. Ela costuma curar doenças ditas incuráveis como o câncer apenas com uma orientação nutricional e compressas. Chegou até a curar vários oncologistas que tinham câncer.

Eu tinha três escolhas. Considerar esse episódio como um sinal e um convite das entidades que me guiam e marcar logo uma consulta, na esperança de pelo menos diminuir ou compensar os efeitos negativos do tratamento radioterápico.

A segunda opção era me opor a essa intuição e recusar a sugestão implícita nessa história.

A terceira atitude era ouvir esse caso como uma história muito interessante e deixar passar a oportunidade, sem perceber o convite por trás dela, dirigido a mim.

A vida me ensinou que toda a nossa existência é um livro aberto o tempo todo, livro que precisamos aprender a ler. É o livro dos acontecimentos, um convite permanente para aproveitar oportunidades de entrega, um conjunto de sinais significativos traçando rumos para a nossa existência.

A minha entrega ao convite de pedir orientação nutricional à médica me proporcionou o contato com um ser extraordinário: uma monja tibetana que acompanha o Dalai Lama em suas atividades e, além disso, é poeta, música e educadora de crianças no Camboja. Além de ganhar uma grande amiga, suportei melhor a radioterapia, perdi um excesso de dez quilos e ganhei bastante energia graças a essa nova alimentação.

O SENTIDO DOS EVENTOS

O que acabo de contar mostra o quanto um só evento pode mudar o curso da nossa existência, caso nós nos entregarmos a ele. Criei um carma bastante construtivo, cujos frutos futuros são difíceis ou impossíveis de prever.

São milhares de pequenos e grandes eventos, responsáveis pelo colorido e qualidade da nossa existência.

Entregar-se a eles exige perspicácia e desapego. Perspicácia e lucidez para perceber a mensagem que se esconde atrás do evento; e desapego, para abrir mão de uma indicação passada.

Por exemplo, percebi o convite que se oferecia a mim para eu reforçar o meu tratamento com uma orientação chinesa, e me desapeguei da tendência de me fixar apenas em uma orientação e forma de tratamento. E acabei ganhando os benefícios adicionais relatados acima.

Às vezes o desapego tem que ser enorme. Por exemplo, quando recebi um convite de Pemala, o meu Mestre, para fazer um retiro de três anos, a fim de aprender a verdadeira natureza do Espírito, eu tive que abrir mão dos últimos anos da Universidade, da terapia de vários grupos e do meu consultório, além de pequenas alegrias da minha vida cotidiana. Em compensação, a minha entrega incondicional ao apelo do meu Mestre Tibetano me levou posteriormente a me orientar para a Educação para a Paz e a ser convidado por um governador a criar uma Universidade para a Paz. O meu retiro de três anos me deu a força e o conhecimento necessários para isso.

É nesse aspecto que podemos afirmar que os eventos têm um sentido para nós e não são apenas frutos do acaso.

AS SINCRONICIDADES

Isso é mais evidente nos eventos que Jung chamou de sincronicidades. Você pensa numa pessoa e ela lhe telefona ou aparece na esquina da rua onde você está. Ou, então, você vê o mesmo número várias vezes, ao receber a chave do quarto do hotel, ao olhar o dia do mês, ao verificar a hora de um encontro e assim por diante. Tenho um amigo para o qual esses acontecimentos são comuns; no caso dele, com relação ao número onze.

Ou então você encontra várias vezes a mesma pessoa, desconhecida mas simpática e atraente, e acaba se casando com ela; isso acontece com certa freqüência.

Os casamentos acontecem também quando dois desconhecidos se encontram e, além de sentir uma atração recíproca, descobrem inúmeras características em comum e acabam chegando à conclusão de que são almas gêmeas! O terreno está preparado para uma entrega recíproca.

Tudo indica que as sincronicidades são mensagens dos nossos anjos protetores nos convidando a nos entregar ao seu significado com muita confiança.

Essa significação não tem nada a ver com a importância do evento.

A IMPORTÂNCIA DO EVENTO

Os exemplos que dei se referem a eventos de grande significação; no entanto nem sempre é assim.

Uma pessoa me contou, por exemplo, que, ao tomar um avião já com passagem comprada, recebeu um pequeno sinal insignificante. Tratava-se de um recorte de jornal, com uma matéria sobre um desastre de avião. Imediatamente ela resolveu cancelar a sua reserva. Resultado: o avião em que ela embarcaria caiu. Nesse caso, a sincronicidade lhe salvou a vida.

Às vezes, basta se entregar à intuição. Foi o que aconteceu comigo quando uma amiga, a grande educadora Helena Antipoff, estava no hospital em tratamento. Eu estava voltando do trabalho para minha casa, quando senti um chamado para voltar e ir ao hospital. Chegando lá, Daniel, o filho dela, me informou que ela tinha acabado de dar o último suspiro.

CAPÍTULO 8

A ENTREGA NA CURA ESPIRITUAL

Estamos em outubro do ano de 2005. Estou de volta da minha viagem costumeira à Europa. Algo, porém, não é habitual: estou à espera da cura espiritual dos meus olhos e de outros sintomas somáticos.

UM CONVITE AUSPICIOSO

Umas duas semanas antes de eu viajar, uma amiga minha de Goiânia, penalizada com a baixa da minha visão, afetada por glaucoma e degenerescência auricular devido à idade, sugeriu que eu procurasse um médium de Goiânia que tinha o dom de realizar cirurgias espirituais com muito êxito em casos desesperadores de natureza diversa. Ela me citou o caso de um amigo dela quase cego que foi inteiramente curado, além do caso dela, que tinha sido curada de uma gastrite crônica.

Eu teria que ir a Goiânia numa quinta-feira para consultar o médium Antônio e operar na sexta-feira, caso ele julgasse a cirurgia necessária.

UMA CONSULTA A SAMARA

Por prudência, achei por bem consultar um outro médium, amigo da minha amiga Vera Brant, que está com a intenção de escrever um livro sobre Samara, uma entidade árabe que viveu no século 18 em Lion, na França.

Samara, que tem o dom de ver as doenças e orienta os médicos nas suas cirurgias, afirmou de início que a minha visão ia melhorar. Ela me confirmou que o médium Antônio incorporava o espírito de quatro médicos, coordenados por um médico superior a eles.

Entusiasmado com essa revelação, resolvi marcar a consulta na quinta-feira, já pronto para a eventualidade da operação no dia seguinte.

A CONSULTA PRÉ-CIRÚRGICA

Entrei no Centro Espírita Bezerra de Menezes, onde percebi muita ordem e seriedade no atendimento. Fiz a fila para ser atendido pelo médium Antônio. Este me recebeu sorridente e logo passou a descrever as minhas principais doenças, começando pela deterioração da visão e depois passando para os problemas de audição, tiróide, micção e circulação nas pernas.

Quanto aos olhos, ele me falou da degenerescência dos tecidos e da possibilidade de regeneração por meio da operação, que marcou para o dia seguinte. Ele prometeu também cuidar das outras doenças.

Contei a descrição que Samara fizera dos quatro médicos. Ele confirmou que são três médicos alemães e um árabe e que o coordenador era o Dr. Bezerra de Menezes. Fiquei maravilhado com a coincidência das descrições e passei a confiar ainda mais no médium Antônio, por ser um vidente tão lúcido. Não tive dúvida quanto a marcar a operação espiritual.

Antes da operação, passei por uma sessão preparatória de passes magnéticos.

A OPERAÇÃO ESPIRITUAL

No dia seguinte, em torno de sete da manhã, eu estava sentado na fila de espera. Houve, primeiro, uma pregação espiritual. Depois, de repente, Antônio abriu a porta, já incorporado pelo médico alemão Richard, e me pegou pela mão, levando-me até a sala de operação. Alguém aplicou uma água anestesiante no meu rosto e o médium pegou um bisturi, abriu as minhas pálpebras com os dedos e raspou os meus olhos com o instrumento.

Tomei consciência nesse momento de que eu estava inteiramente entregue à operação, confiando cegamente nessa entidade espiritual médica, que incorporava o médium Antônio. Qualquer deslize e ele podia furar o meu olho! Mas nem pensei nisso, tal era a minha confiança.

Alguém colocou um esparadrapo sobre cada um dos meus olhos. Ainda ouvi Antônio afirmar que essa era a mi-

93

nha última existência na Terra e que não reencarnaria mais neste planeta.

TRÊS DIAS DE CEGUEIRA

Saí do centro de olhos vendados, guiado pela mão da minha amiga. Como tenho uma tendência natural para aproveitar os aspectos positivos das experiências negativas para aprender e cuidar da minha transformação, decidi explorar o mundo dos cegos durante esses três dias.

A minha primeira experiência foi a total dependência de outras pessoas para me deslocar. Nos aeroportos, tive de pedir que me acompanhassem e me colocassem numa cadeira de rodas; antes da decolagem, o acompanhante me deixou só e pediu que eu esperasse até a volta dele. Senti-me abandonado, sem ter a quem recorrer.

Em casa, tive que reaprender a descer e subir as escadas do meu quarto para a sala e vice-versa, apoiado no corrimão.

Muito desagradável foi a sensação de não saber se eu estava só ou se havia alguém no meu espaço. Fiquei totalmente dependente da audição, do tato e da palavra.

Durante os intermináveis momentos de solidão, eu não sabia o que fazer. Tentei meditar, mas o meu anseio de sair desse estado era muito maior, e eu ficava atento aos toques do relógio, contando as horas que me separavam do fim.

Ao tirar as vendas dos olhos, no domingo à noite, cheguei à conclusão de que a cegueira não era nada interessante, e que eu faria tudo para deter o processo patológico!

SEGUNDA OPERAÇÃO

Ao tirar os esparadrapos, pensei que eu já estivesse curado, embora Francisco, o assistente do médium, tivesse me avisado que eu teria de esperar um mês para anunciar a cura aos meus médicos. Eu disse "médicos", no plural, porque ele também operou a minha tiróide, a minha bexiga, a minha perna e o meu ouvido.

Francisco me falou também que eles eram levados a realizar esse trabalho de cura por amor, exclusivamente. O resultado eram os mais de 90% de curas, que ele presenciou nos 25 anos de existência do centro.

Essa última informação reforçou ainda mais a minha confiança e entrega. Quando recebi a notícia de que seria necessária uma segunda cirurgia, eu não tive dúvidas de que me submeteria a ela.

Revivi tudo que já descrevi, além de dirigir um seminário em São Paulo de olhos vendados!

À ESPERA DA CURA

Imediatamente depois desse seminário, fui viajar para a Europa, já com a vista liberada. Durante toda a viagem fiquei vigilante quanto aos sinais de melhora. Nada aconteceu.

Voltei do mesmo jeito, com uma névoa tampando a minha visão. Não podia mais ler jornais ou livros. Ainda bem que podia continuar escrevendo no meu computador, com as letras brancas sobre o fundo preto (alto contraste).

Ao chegar em Brasília, liguei para a minha amiga para contar que ainda não estava curado. Surpresa, ela prometeu informar Francisco e me contar sobre o seu eventual parecer. Quinze dias se passaram sem nenhum retorno.

À PROCURA DE EXPLICAÇÃO

Tomei consciência de que a minha confiança e entrega continuavam. Eu estava convencido de que esse fracasso era apenas aparente, e continuei à procura de uma explicação. Pensei até que entidades estavam dirigindo o processo para eu meditar o tempo todo durante a cegueira.

Consultei de novo Samara, que me aconselhou a procurar um oftalmologista de São Paulo, especializado em retina e em medicina chinesa. Quando perguntei por que a previsão dela não se realizou, tive como resposta apenas uma evasiva.

No fim da reunião de comunicação com os anjos, manifestou-se o espírito de Allan Kardec. Quando indaguei se eu era o responsável pela falta de cura, ele respondeu que não. Mas não conseguimos dele uma explicação, embora ele viesse para me abençoar e mostrar que havia uma causa para o que acontecera.

Ninguém podia ou queria me revelar a verdadeira razão de eu estar na lista das exceções, ou seja, dos casos que não tinham sido curados. Reinava um silêncio intrigante. A solução me foi revelada quando eu menos esperava.

Uma médica formada em medicina chinesa me atendia de dois em dois meses, para me orientar a respeito de uma dieta macrobiótica que eu já seguia havia um ano e estava me curando do diabetes e do colesterol.

Ela me falou que, na véspera de cada consulta, ela pedia orientação de uma vidente sobre os clientes do dia seguinte. A meu respeito, essa pessoa tinha avisado que nenhuma operação na vista daria certo porque, diante da destruição de grande parte da humanidade e da necessidade urgente de preparar os sobreviventes para a reconstrução, eu deveria parar de ler e consagrar todo o meu tempo à tarefa de escrever. Era exatamente o que estava acontecendo!

UM SONHO SIGNIFICATIVO

Bastante elucidativo foi o seguinte sonho, que tive ontem à noite, dia 23 de outubro de 2005. Eu estava no meio de uma população extremamente pobre, vivendo no mesmo nível que essas pessoas. Havia um ambiente de muito amor, compreensão e interação. Enquanto trabalhavam, batiam com os pés num ritmo que os unia profundamente. Lembro-me de que encontrei um pequeno sapato de criança e procurei, então, a criança que poderia calçá-lo. O sapato era feito de pedaços de papel. Enquanto procurava um banheiro, encontrei a sociedade Pestalozzi, onde falei para a professora Helena Antipoff que enfim compreendia o ardor com que ela realizava seu trabalho educacional e social. Era o amor. Abracei-a.

Envolvido por esse ambiente e totalmente entregue a esse movimento coletivo, passei de repente a enxergar tudo, para poder ajudar melhor os outros.

Eu estava curado! Curado apenas no sonho. Porém, a mensagem era clara para mim: eu precisava me compenetrar cada vez mais desse ambiente de amor incondicional. Em outras palavras, me entregar mais ainda! E não faltou oportunidade!

UM NOVO DESAFIO

Eu já estava entregue ao veredicto da minha médica e tinha aceitado a idéia de que a semicegueira servia para me obrigar a escrever mais, quando minha amiga de Goiânia me telefonou. Ela contou que o médium Antônio tinha consultado as entidades, segundo as quais eu poderia ser curado se passasse por um número maior de operações. Tinham citado, inclusive, casos semelhantes, em que a cura fora possível depois de seis ou sete intervenções.

E agora? Quem é que tinha razão?

Hoje, último dia de outubro de 2005, estou em dúvida.

ENTREGA E LIVRE-ARBÍTRIO

A dúvida persistia na minha viagem, quando de repente me veio uma resposta bastante evidente e instrutiva quanto às ciladas da entrega.

Na comunicação com os anjos e com Samara, eu notei que eles tendiam a não atender a certos pedidos ou não responder a certas perguntas para não interferir no nosso livre-arbítrio.

A entrega pode nos levar à atitude de entregarmos ao Alto a solução de todos os nossos problemas.

Tudo indica que foi isso que aconteceu. A resposta foi imediata. Devolveram ao meu livre-arbítrio a escolha entre aceitar e me conformar com a situação da quase cegueira, que me impunha a limitação de só escrever, ou a possibilidade de me curar, continuando com os tratamentos e operações espirituais.

Acabei optando pela segunda alternativa, pois me fizeram entender que pessoas da minha idade às vezes precisavam de uma série de intervenções – o que implica consagrar mais tempo à cura. Ainda estou no início desse processo.

CAPÍTULO 9

O ATO CRIATIVO
BOAS IDÉIAS NA PALMA DA MÃO

Tomando consciência da minha força interior, já mais perto do final da minha existência, estou me dando conta de que o recurso mais útil em todos os aspectos da minha vida foi a chamada capacidade criativa.

Percebo agora que essa chamada "capacidade" não é nada mais nada menos do que uma outra manifestação dessa mesma entrega, tema deste livro.

Seja para resolver um problema da vida quotidiana, para ajudar um amigo a sair de um impasse, para escrever um artigo ou deixar fluir novas idéias para um livro, existe um processo, aparentemente muito simples, ao longo do qual surgem idéias e soluções certas.

Basta-me relaxar, fechar os olhos, lançar a questão e esperar a resposta. Com a caneta na mão ou os dedos no teclado do computador, deixo fluir as mensagens provindas de um espaço interior bem misterioso.

SENTIMENTO DE DESAFIO

Quando faço isso, tenho o sentimento bastante gostoso de não somente estar lançando um desafio para esse espaço, mas de confiar plenamente que a resposta virá. É como se eu me sentisse vitorioso antes da vitória de fato.

CONFIANÇA NO RESULTADO

Em outras palavras, tenho uma confiança total de que esse espaço misterioso me dará a resposta certa. Creio mesmo que a garantia de um bom resultado depende, em grande parte, da solidez dessa confiança. Se a fé existe, estou aqui em presença da sua própria manifestação.

É como tudo se passa, como se a confiança desse força ao resultado e, em troca, o resultado reforçasse a confiança sob a forma de fé. Uma espécie de círculo virtuoso altamente benéfico, pois ele reforça essa atividade fundamental da minha existência.

ALEGRIA DE CRIAR

Cada vez que surgem soluções do fundo desse espaço misterioso, uma imensa alegria se apodera de mim, dando-me ainda mais força para prosseguir. Eu diria que entro em estado de graça, pleno de gratidão pelo privilégio que me é dado de participar desse evento criativo, que eu sinto como sendo sagrado.

Às vezes os sentimentos são tão fortes que os meus olhos se enchem de lágrimas ou me surpreendo soltando em voz alta uma exclamação de surpresa, admiração e gratidão.

Nesses momentos, eu compreendo a oração da tradição japonesa Seicho-no-ie: "Obrigado! Obrigado! Obrigado!" O que é mais maravilhoso nisso tudo e reforça a alegria é justamente essa confiança na entrega e no fato de que, quanto mais eu me entregar ao ato criativo, melhor será o resultado.

A HORA DA INSPIRAÇÃO

Quando falamos da entrega na respiração, focalizamos a abertura à entrada e à saída do ar e chamamos a entrada do ar de inspiração.

Acontece que a inspiração se estende também a novas idéias. Nesse sentido, estamos diante do processo de criatividade.

As soluções e respostas aos questionamentos e problemas aparecem sob a forma de idéias simbólicas ou verbais. Em geral, quanto menos se espera por elas, mais abertos e entregues estamos ao processo, que se torna mais eficaz.

O horário em que a inspiração se dá com mais facilidade e espontaneidade é a madrugada.

No Ioga, os grandes mestres nos ensinam que existe uma determinada hora da madrugada em que se manifesta uma extraordinária lucidez na nossa mente e surgem boas idéias sobre os assuntos mais importantes para a existência da pessoa e, mais particularmente, para a sua evolução e transformação. Esse fato se dá em torno das quatro horas da manhã.

103

A ENTREGA

Quem tem bastante experiência dessa hora sabe que ela vem acompanhada de um sentimento de paz, de felicidade e também de uma confiança absoluta nas revelações.

O que se observa, então, permite até certo ponto que se descrevam as condições que facilitam e elucidam a inspiração. Vamos descrevê-las a seguir. Veremos, no final, que o ideal é estender a hora de Brahman ao dia inteiro. Descreverei o modo como isso pode ser feito.

POR QUE O NOME DE BRAHMAN?

Parece estranho que seja justamente em torno das quatro horas da manhã que a inspiração seja mais fácil. No entanto, quem sabe que a consciência passa por diferentes estados, sobretudo à noite, consegue ver nisso uma certa lógica.

Efetivamente, é em torno das quatro horas da manhã que passamos por uma mudança no estado de consciência. Saímos do estado de sonho ou de sono profundo, para voltar ao estado de vigília do nosso cotidiano, e quem sabe do estado transpessoal. Nessa passagem para a vigília, nossa consciência ainda está inteiramente entregue às mensagens que vêm do sonho e sobretudo do sono profundo, a caminho do estado transpessoal.

Ora, para o Ioga, no transpessoal, a nossa consciência individual, Atman, volta a ser o que sempre foi, a consciência universal Brahman. O nosso pequeno ser volta a se manifestar como o grande SER. A onda que se esqueceu de que é mar volta a se vivenciar como mar.

Ora, a volta da experiência como Brahman, como o divino infinito e eterno, faz com que nos relacionemos com a onisciência. Em outras palavras, adquirimos provisoriamente a segurança e confiança absolutas nessa onisciência, que nos coloca em contato com as verdades supremas. Convém assinalar que o nome de Brahma, sem a letra "n" no final, designa o aspecto criativo de Brahman. Ora, é justamente disso que se trata: a hora da criatividade.

VACUIDADE DA MENTE

No estado de consciência do sono profundo, a mente está completamente vazia não somente de sonhos como também de pensamentos. Ao passar para o estado de vigília, antes que surjam os pensamentos, a mente mantém a qualidade de vacuidade e, inteiramente entregue, começa a receber inspirações vindas diretamente do Infinito, do reino divino do nosso ser.

Bastante impressionante é o nível de acerto dos assuntos mais importantes a tratar, assim como das soluções que aparecem.

Por exemplo, hoje ao acordar me veio a idéia de propor em congressos mundiais futuros e em várias línguas um manifesto mundial de educação para a Paz. O meu sentimento era de que isso tinha de ser feito. Logo depois, vieram detalhes do texto a ser proposto. Era um verdadeiro imperativo categórico, acompanhado do entusiasmo que o assunto desperta.

A ENTREGA

Quando olhei a hora, por curiosidade, eram três horas e cinqüenta e cinco minutos, ou seja, quase quatro horas da manhã. Eu sei quando são por volta de quatro horas por causa de um estado especial de lucidez, difícil de definir. O chamado desse despertar especial é muito forte, eu diria irresistível. Tive uma amiga, psicoterapeuta, que estava muito preocupada por causa de uma insônia. O marido, um psiquiatra, lhe receitava soníferos. Com isso ela era bastante infeliz. Descobri, então, que ela costumava acordar justamente em torno das quatro horas. Então lhe expliquei que não se tratava de uma patologia, mas de um chamado natural para acordar e receber mensagens de um outro nível de consciência. Dito e feito. Em pouco tempo, ela desenvolveu uma espiritualidade ímpar e aos poucos passou a usar a vidência para ajudar os clientes na psicoterapia.

Outro amigo a quem contei a respeito da hora de Brahman me falou que não sabia do que eu estava falando. Ele simplesmente não conseguiu entender.

Mas nem sempre é assim. Um outro amigo apaixonado e com o casamento marcado acordou certa manhã e se viu diante da beleza desse relacionamento. Veio-lhe, então, a inspiração de escrever toda a história desse amor. Movido pelo entusiasmo, resolveu escrever para a noiva.

Nesse momento, ele se lembrou da história da hora de Brahman. Olhando para o relógio, constatou que era por volta de quatro horas da manhã. Entusiasmado, acabou escrevendo uma carta de quatro páginas, contando toda essa história. Decidiu, então, escrever um livro. E é claro que preferiu escrevê-lo nesse horário!...

Quais os fatores que permitem o despertar dessa capacidade receptiva durante a madrugada? Pode-se lançar várias hipóteses.

COMO INCENTIVAR A INSPIRAÇÃO?

Podemos nos perguntar se não basta nos colocarmos nas condições psicológicas da hora de Brahman, para naturalmente despertarmos a criatividade, a intuição e a inspiração.

Será que, na penumbra, com o corpo relaxado e a mente esvaziada, não obtemos o mesmo resultado?

Parece que a resposta é sim, pois existem dois processos que levam à criatividade; um foi criado especialmente para essa finalidade e o outro é a meditação.

Os métodos que conseguem despertar a inspiração têm justamente em comum o fato de exigirem que a pessoa esteja relaxada, substitua o ensinamento comum por uma concentração no problema em foco, e se abra, confie e entregue-se ao que der e vier.

É o caso de um método já bastante conhecido nos meios empresariais, chamado *brainstorming*, ou seja, tempestade cerebral.

TEMPESTADE CEREBRAL

Numa primeira fase, pede-se ao grupo para relaxar profundamente. Na segunda, convidam-se todos a liberar e expressar as idéias que lhes vêm, com a recomendação de que não censurem nenhuma idéia, mesmo se a acharem absurda. A fim de estimular a entrega total, proíbe-se que se façam críticas ou se expressem reservas com relação às idéias dos outros. Todas as idéias são anotadas por um dos membros do grupo, que faz o papel de secretário. Numa terceira fase, o grupo seleciona as idéias mais adequadas e toma a decisão final.

O *brainstorming* lembra muito a meditação.

A MEDITAÇÃO

A meditação não tem o objetivo de provocar a inspiração. No entanto, ela provoca também a criatividade como efeito secundário.

Ela visa, em última instância, alcançar o estado transpessoal da consciência.

Após um relaxamento muscular profundo, o observador interno deixa que os pensamentos se acalmem, até alcançar a vacuidade da mente, sem forçar nada. Costuma-se também acompanhar a respiração. O processo meditativo nos coloca muito perto da hora de Brahman. Isso explica por que ele propicia a inspiração e o surgimento esporádico de idéias originais. Esse é o resultado da entrega, pois a meditação é um processo de entrega.

A DISSERTAÇÃO FRANCESA

O meu professor de dissertação no Liceu da França me ensinou um método para se preparar uma dissertação que começa por uma espécie de tempestade cerebral. Ele sugeria que eu anotasse todas as idéias numa folha de papel, na ordem em que viessem. Depois, que agrupasse as idéias de acordo com o plano geral a seguir:

- Introdução
- Desenvolvimento
- Conclusão

Eu sigo esses conselhos até hoje, inclusive para começar a escrever um novo livro.

Nesse caso, a criatividade espontânea e a inspiração, dentro ou fora da hora de Brahman, permitem-me até hoje redigir os meus artigos e livros, incluindo este, que acabo de terminar com estas linhas.

Este capítulo foi iniciado no início de 2005 e terminado hoje, dia 31 de dezembro do mesmo ano.

Conclusão

O leitor deve estar se perguntando se eu já morri, uma vez que eu planejava terminar esta obra sobre a Entrega dez anos depois do seu início, em 5 de julho de 2000. Assim sendo, este livro deveria ser publicado em 5 de julho de 2010. Eu tinha combinado com meu editor que, se eu desencarnasse antes disso, ele seria publicado logo após a minha morte.

Acontece que se passaram quase seis anos, durante os quais a minha própria experiência da entrega evoluiu bastante. Tive a oportunidade não somente de mostrar os aspectos inconscientes e involuntários da entrega em ações fisiológicas, como a circulação, a alimentação, o andar ou a respiração, mas também de descrever a entrega como o caminho para a realização suprema transpessoal, passando pela criatividade e a inspiração.

Parei por duas razões, embora eu não tenha morrido. A primeira é de ordem emocional. Eu gostaria de ver este livro publicado enquanto ainda estivesse neste corpo. É verdade que aceito a minha passagem e sei de antemão que o meu espírito continuará a sua existência depois de desencarnar. Estou tão entregue e preparado para essa idéia que comuniquei às minhas filhas que gostaria que o meu corpo fosse cremado. Observe que eu não falo da minha cremação, mas da cremação do meu corpo, pois deixei há muito tempo de me identificar com ele. Foi-me revelado, inclusive, que eu não voltaria mais para este planeta, o que significa que continuarei a minha evolução em outro espaço.

A segunda razão que me levou a publicar este livro agora é que tenho a impressão de que já expressei o essencial sobre a entrega: mostrei a importância da entrega na vida espiritual, tanto na evolução pessoal rumo à transcendência quanto nas relações com os outros, mais particularmente no amor, sem contar a entrega na cura psíquica e no fantástico domínio da geração de novas idéias e da solução dos nossos problemas, quaisquer que sejam.

Falta na estrutura deste livro uma certa coerência, e o seu estilo varia de telegráfico a poético, dependendo do capítulo. Isso acontece devido à sua natureza peculiar; faço um apelo à compreensão do leitor para que ele veja nesse aparente caos a expressão da minha espontaneidade.

Foi para mim uma experiência única ter feito essa espécie de aposta comigo mesmo: publicar este livro depois da minha morte, caso ela acontecesse antes dos dez anos combinados com o editor; ou, se eu ainda estivesse vivo, depois de dez anos eu mesmo mandaria publicá-lo.

CONCLUSÃO

Até agora tenho dificuldade para entender e apreender essa decisão na sua totalidade, o que é mais uma razão para eu ter decidido encurtar para quatro anos o prazo original de dez. Nem sei se é uma decisão heróica ou a expressão de uma fraqueza minha. Afinal de contas, por que dez anos e não cinco?

Só me resta fazer votos para que o leitor compreenda essa minha decisão e possa desfrutar de muitas idéias novas até para mim mesmo, além de mergulhar na sublime experiência da verdadeira entrega.

Brasília, 31 de Dezembro de 2005, 19:45.

Bibliografia

WEIL, Pierre. *A Revolução Silenciosa – Autobiografia Pessoal e Transpessoal.* Editora Pensamento, São Paulo, 1982.

_____. *Lágrimas de Compaixão.* Editora Pensamento, São Paulo, 2000.

_____. *Os Anjos Falam.* Editora Verus, Campinas, 2004. (Em colaboração com Jean-Yves Leloup e Roberto Crema).

_____(org.). *Padre Inácio – Vida, Missão e Curas.* Introdução de Pierre Weil. Coletânea de vários colaboradores. Edições CONEP, Belo Horizonte, 2003.

_____. *Rumo ao Infinito.* Editora Vozes, Petrópolis, 2005.

_____*et al. Transcomunicação – O Fenômeno Magenta.* Editora Pensamento, São Paulo, 2003.

Obras do Autor

ABC da Psicotécnica. Editora Nacional, São Paulo, 1955. (Esgotado – publicado no site www.pierreweil.pro.br)

ABC das Relações Humanas. Editora Nacional, São Paulo, 1954. (Esgotado – publicado no site www.pierreweil.pro.br)

Afetivo Diagnóstico, O. CEPA, Rio de Janeiro, 1950.

Amar e Ser Amado. Editora Vozes, Petrópolis, 20ª ed., 1979.

Anjos Falam, Os (com Jean-Yves Leloup e Roberto Crema). Editora Verus, Campinas, 2004.

Antologia do Êxtase. Editora Palas Athenas, São Paulo, 1992.

Arte de Viver a Vida, A. Editora Letrativa, Brasília, 2001.

Arte de Viver em Paz, A (vídeo). TV Senado, Brasília, 1999.

Arte de Viver em Paz, A. Editora Gente, São Paulo, 1993, Copyright UNESCO.

Consciência Cósmica, Introdução à Psicologia Transpessoal, A. Editora Vozes, Petrópolis, 2ª ed., 1972.

Corpo Fala, O (com Roland Tompakow). Editora Vozes, Petrópolis, 49ª ed., 2004. (*best-seller*)

Criança, o Lar, a Escola, A. Editora Vozes, Petrópolis, 20ª ed., 1979.

Dinâmica de Grupo e Desenvolvimento em Relações Humanas (com Anne Ancelin Schutzenberger, Célio Garcia e outros). Editora Itatiaia, Belo Horizonte, 1972.

Esfinge: Estrutura e Mistério do Homem. Editora Itatiaia, Belo Horizonte, 1976. (Esgotado – publicado no site www.pierreweil.pro.br)

Fim da Guerra dos Sexos, O. Editora Letrativa, Brasília, 2002.

BIBLIOGRAFIA

Fronteiras da Evolução e da Morte. Editora Vozes, Petrópolis, 1979.

Fronteiras da Regressão. Editora Vozes, Petrópolis, 1976.

Grande Gargalhada, Piadas e Risos — sua Gênese e Significado, A. Ensaio. Editora Letrativa, Brasília, 2004.

Holística – uma Nova Visão do Real. Editora Palas Athena, São Paulo, 1990.

Lágrimas de Compaixão. Editora Pensamento, São Paulo, 2000.

Liderança, Tensões, Evoluções. Editora Itatiaia, Belo Horizonte, 1972.

Manual de Psicologia Aplicada. Editora Itatiaia, Belo Horizonte, 1967.

Manual do Facilitador do Seminário da Arte de Viver em Paz. Unipaz, Brasília. (Distribuição Interna)

Manual do Participante. Unipaz, Brasília. (Distribuição Interna)

Meu Deus, Quem é Você? Editora Vozes, Petrópolis, 4ª ed. 1991.

Mística do Sexo, A. Editora Itatiaia, Belo Horizonte, 1976. (Esgotado – publicado no site www.pierreweil.pro.br)

Morte da Morte, A. Editora Gente, São Paulo, 1995.

Mudança de Sentido e o Sentido da Mudança, A. Editora Rosa dos Tempos, Rio de Janeiro, 1999.

Mutantes, Os – Uma Nova Humanidade para um Novo Milênio. Editora Verus, Campinas, 2003

Neurose do Paraíso Perdido, A. Editora Espaço e Tempo, Distr. Vozes, Rio de Janeiro, 1987.

117

Nova Ética, A. Editora Rosa dos Tempos, Rio de Janeiro, 1993.

Novas Idéias para Novos Tempos. Editora Rosa dos Tempos, Rio de Janeiro, 2004.

Novo Vocabulário Holístico, O. Editora Espaço e Tempo. CEPA. Distr. Vozes, Rio de Janeiro, 2ª ed., 1987. (Esgotado – publicado no site www.pierreweil.pro.br).

Ondas à Procura do Mar. Editora Agir, Rio de Janeiro, 1987. (Esgotado – publicado no site www.pierreweil.pro.br).

Organizações e Tecnologia para o Terceiro Milênio – A Nova Cultura Organizacional Holística. Editora Rosa dos Tempos, Rio de Janeiro, 2ª ed., 1991.

Padre Inácio – Vida, Missão e Curas. Coletânea de vários colaboradores. (Introdução de Pierre Weil). Edições CONEP, Belo Horizonte, 2003.

Palha e a Trava, A. Editora Vozes, Petrópolis, 1988.

Pequeno Tratado de Psicologia Transpessoal. Editora Vozes, Petrópolis, 5º volume, 1979. (Em colaboração com outros autores).

Potencial da Inteligência do Brasileiro, O (com Eva Nick). CEPA, Rio de Janeiro, 1972. *O Psicodrama.* CEPA, Rio de Janeiro, 2ª ed., 1979. (Prefácio de J. L. Moreno.)

Psicodrama Triádico, O (com Anne A. Schutzenberger). Interlivros, 1976. (Esgotado – Publicado no site www.pierreweil.pro.br).

Relações Humanas na Família e no Trabalho. Editora Vozes, Petrópolis, 50ª ed. (*best-seller*).

BIBLIOGRAFIA

Revolução Silenciosa, A – Autobiografia Pessoal e Transpessoal. Editora Pensamento, São Paulo, 1982.

Rumo ao Infinito. Editora Vozes, Petrópolis, 2005.

Sementes para uma Nova Era. Editora Vozes, Petrópolis, 1984.

Sistemas Abertos – A Nova Transdisciplinaridade (com Ubiratan D'Ambrósio e Roberto Crema). Editora Summus, São Paulo, 1993.

Sua Vida, seu Futuro. Editora Vozes, Petrópolis, 10ª ed., 1979.

Transcomunicação – O Fenômeno Magenta (com Stanley Krippner, Amyr Amiden, Roberto Crema e outros). Editora Pensamento, São Paulo, 2003.